员工赢，客户赢，企业家赢，企业赢……共赢

共赢式加薪

巢文静 □ 著

企业管理出版社
Enterprise Management Publishing House

图书在版编目（CIP）数据

共赢式加薪/巢文静著. -- 北京：企业管理出版社，2020.2

ISBN 978-7-5164-2087-4

Ⅰ.①共… Ⅱ.①巢… Ⅲ.①企业管理－工资管理－研究 Ⅳ.① F272.92

中国版本图书馆 CIP 数据核字 (2019) 第 295070 号

书　　　名：	共赢式加薪
作　　　者：	巢文静
责任编辑：	赵　琳
书　　　号：	ISBN 978-7-5164-2087-4
出版发行：	企业管理出版社
地　　　址：	北京市海淀区紫竹院南路17号　邮编：100048
网　　　址：	http://www.emph.cn
电　　　话：	编辑部（010）68416775　发行部（010）68701816
电子信箱：	qygl002@sina.com
印　　　刷：	北京天恒嘉业印刷有限公司
经　　　销：	新华书店
规　　　格：	710mm×1000mm　1/16　20印张　217千字
版　　　次：	2020年2月第1版　2020年2月第1次印刷
定　　　价：	88.00元

版权所有　翻印必究·印装有误　负责调换

感谢黄雅冰、韩秀女士,将我在服务企业及培训授课时与企业主的对答收集整理成书,以问答的形式展现在读者面前。

序言

在过去的10载岁月里,我一直坚守在企业管理第一线,先担任某知名咨询公司烘焙行业首席顾问,后又担任中谋咨询的首席咨询师,历经不同类型、不同规模的企业,研发新方法,践行新模式,推动企业每年上一个新台阶。

经过10年的历练、积累、沉淀,我意识到必须要做一件更有意义的事情——不再接泛行业的咨询项目,专注服务烘焙行业,将国内外先进的管理理念、技术与烘焙行业的特性相结合,历时5年最终开创了共赢式加薪创新管理模式。

共赢式加薪专为烘焙企业解决以下难题。

1. 企业用人荒,不是无人可用,就是有人无用。

2. 员工一培养出来就走,不是跑到同行那里,就是自立门户。

3. 员工主动性、责任心不足,出工不出力,只做事情不管结果。

4. 员工相互攀比工资,都觉得自己钱少事多、别人钱多事少。

5. 员工动不动找企业主闹离职、谈加薪,企业主加也难、不加也难。

6. 门店人员挑活干，都想去事少的小店，不想去事多的大店。

7. 内部提拔的干部专业性不足、意愿不强、能力不行、成长太慢。

8. 空降高管水土不服、不接地气，害怕承担责任、逃避责任，企业给高工资却得不到高价值的回报。

9. 部门之间不是协同解决问题，而是相互推诿、指责埋怨。

10. 新产品寿命短，工厂、裱花部等生产部门抱怨销售部门不力，门店抱怨产品不好。

11. 工厂、裱花部等生产部门做产品，只管好不好做，不管好不好卖。

12. 产品质量不稳定，让工厂解决问题，理由借口多于方法。

13. 蛋糕写错名字、做错样式、工艺粗糙，问题层出不穷。

14. 股东之间想法不一、相互猜疑、心生嫌隙，企业内耗不止。

15. 企业主四处救急、心力交瘁、活得很累。

如果您的企业出现了以上问题中的 3 个，甚至更多，请您深读此书。

巢文静

2019 年 8 月

目 录

第一章 关于人

门店升级但回报不如预期，根源在哪 …………… 003
产品常被投诉，该从何处入手解决 …………… 006
设立人事部也解决不了人的问题，为何 …………… 009

第二章 关于管理误区

企业缺制度，有了制度管理就不混乱了 …………… 015
企业缺培训，培训能提升员工的执行力 …………… 019
工厂缺技术主管，应将技术问题交由专人负责 …………… 022
企业缺监管，业绩都是盯出来的 …………… 027
企业缺市场，先开门店再解决人的问题 …………… 030
企业缺营销，搞活动、冲业绩才是"王道" …………… 033
企业缺人，人多力量大、人多好办事 …………… 035
企业缺好员工，好员工无须激励也能把活干好 …………… 039
企业缺管理者，管不好是因为管理者不够多 …………… 043

第三章 关于报耗

门店报耗大，问题出在哪 …………… 047
控报耗造成业绩下滑，怎么办 …………… 050

用共赢式加薪控报耗，有何不同 …………………… 052

　　只要业绩好，报耗高也无所谓，对吗 ………………… 055

第四章　关于薪酬

　　员工对问题视而不见，为什么 …………………………… 061

　　如何根据应聘者的能力定工资 …………………………… 065

　　业绩达标奖，怎么定才合理 ……………………………… 069

　　如何让员工站在企业的角度思考问题 …………………… 072

　　薪酬问题真的会把企业带进恶性循环吗 ………………… 076

第五章　关于加薪

　　员工三天两头喊加薪，怎么办（定期加薪）…………… 083

　　工龄工资怎么设计才最合理（工龄加薪）……………… 086

　　用晋升解决加薪的问题，可行吗（晋升加薪）………… 089

　　为什么奖励一个人会演变成得罪一群人（临时加薪）…… 092

　　企业利润薄，还怎么给员工加薪 ………………………… 095

　　以"能力提升就加薪"来逼员工成长，行吗 …………… 097

第六章　关于人工成本

　　企业人工成本高，是因为员工工资高吗 ………………… 103

　　员工少拿钱，企业主就能多赚钱吗 ……………………… 106

　　为什么减员后会出现人数反弹现象 ……………………… 110

　　后勤增设岗位，专人做专事，这样真的有效果吗 ……… 113

目 录

第七章 关于高管

    高管拿着高工资却无作为，怎么办 …………………… 119

    高管管不好，要不要找副手来帮他 …………………… 123

    给高管两万元的月薪，是不是给高了 ………………… 127

    如何摆脱对高管的依赖 ………………………………… 132

第八章 关于留人

    对员工那么好，为什么他却还要走 …………………… 139

    人员流动频繁，企业主四处顶班，怎么解 …………… 142

    员工一培养出来就走，企业如何留人 ………………… 145

    以储备人才来解决人员流失的做法有效果吗 ………… 148

    有让员工不计较当下收益的办法吗 …………………… 151

第九章 关于绩效考核

    绩效管理推行一年，如何评估效果 …………………… 157

    绩效考核效果不好，是否应该用企业文化弥补 ……… 159

    企业做绩效考核，为何员工不感冒 …………………… 161

    拿全部工资与企业效益挂钩，员工能同意吗 ………… 163

    如何杜绝管理者做"老好人" ………………………… 165

第十章 关于企业薪酬改革

    一步到位直接做股权改革，可以吗 …………………… 173

    等人员稳定了再导入共赢式加薪是否可行 …………… 177

    薪酬改革要花不少钱，这笔钱该不该花 ……………… 180

薪酬改革从新员工开始，可以吗 ·············· 183

等赚到钱之后再谈分钱，行吗 ·············· 187

第十一章 关于共赢式加薪

共赢式加薪是什么 ·············· 193

共赢式加薪，何为共赢 ·············· 195

共赢式加薪与KPI、BSC、360度考核有何区别 ·············· 198

共赢式加薪与传统考核评分有何区别 ·············· 200

共赢式加薪与阿米巴有何区别 ·············· 202

共赢式加薪只在门店导入，可以吗 ·············· 205

共赢式加薪只在管理层导入，可以吗 ·············· 207

共赢式加薪不在后勤岗位导入，可以吗 ·············· 209

共赢式加薪导入的几大步骤 ·············· 211

设计共赢式加薪方案前需要了解的65个问题 ·············· 217

共赢式加薪实践案例：门店效果 ·············· 223

共赢式加薪实践案例：裱花部效果 ·············· 225

共赢式加薪实践案例：工厂效果 ·············· 229

某次行业研讨会上的共赢式加薪实践案例分享 ·············· 232

附 录

店长岗位说明书范本 ·············· 245

共赢式加薪配套制度：6S管理及推进方案实例 ·············· 250

共赢式加薪系统：企业每月经营效益分析表 ·············· 285

目 录

共赢式加薪系统：工厂包装、耗材进销存一览表 …………293
共赢式加薪系统：裱花部蛋糕登记表……………295
共赢式加薪系统：客户投诉登记表……………298
共赢式加薪系统：门店报耗单……………300
共赢式加薪系统：门店调货单……………302
共赢式加薪系统：门店活动试吃申请单……………304

后 记

第一章

关于人

  很多企业习惯把焦点放在产品上,却忽略了产品是由人做出来的。企业所有的问题,归根结底都是人的问题。经营企业的本质,是经营人。

导读

门店升级但回报不如预期，根源在哪

产品常被投诉，该从何处入手解决

设立人事部也解决不了人的问题，为何

门店升级但回报不如预期，根源在哪

企业主： 巢老师，您好！想向您请教一些事情。今年，我重新装修了3家门店，花费过百万元。我预想销售额应该会大幅增长，但结果却让我大失所望。重新装修门店之后，除了开业那几天业绩高以外，其他时候业绩比装修前好不了多少，我想不通。后来，听说某家烘焙店水吧赚钱，我又投资了水吧，所有的设备我都买最新、最好的，结果一天的营业额才几百元钱，投入跟产出完全不成正比。

巢文静： 门店升级了，产品和服务是否也同步升级了？投资了水吧，所有的设备都买最好的，但水吧员的技能与状态是否也是最好的呢?

企业主:确实,门店升级了,但产品和服务并没有同步升级。我有要求,但关键是员工没执行。我反复强调水吧员要熟练操作,可一直到现在,水吧员还要看着笔记本上的流程一步一步做,这样很慢。有时,我看到有些客户不愿排队,就到别家去了,这不是把客户拱手送人吗?真是越想越郁闷,我的店装修是最好的,设备和包装用的是最新式的,原料食材用的也是最新鲜的。我的产品都是好东西,但为什么营业额就是提不高呢?

巢文静:门店,设备,包装,原料,产品,人。你觉得哪一个是企业经营的核心?

企业主:产品。

巢文静:再让你选3个。

企业主:门店,设备,原料。其实,包装也挺重要的。

巢文静:为什么不选人呢?人的能动性、创造力和主动性不重要吗?

曾经有一位企业主告诉我,他开店建厂投资几百万元,眼睛都不眨一下;但如果是搭建一套激活员工的管理机制,就算只需投入十几万元,都会舍不得。我问这位企业主:你动辄投入几十万元新开门店、投入几百万元新建中央工厂,好比你买了一辆法拉利跑车,可员工却用开摩托车的能力和开拖拉机的心态去驾驶,你觉得这辆法拉利能跑出应有的速度吗?

做企业主最大的风险是无知,比无知更可怕的是对无知的无知。物与人之间孰轻孰重?老祖先造字时早已诠释清楚,企业的"企"

第一章　关于人

字是由"人"和"止"组成的，企业无人则止。因此，企业经营的关键在"人"，而不在"物"。这就解释了"为什么重新装修门店、投资水吧之后，回报不如预期"的问题。因为，不是门店装修升级了，业绩就会自然产生的；不是投资引进水吧了，效益就会从天而降的。企业的每一分业绩、每一厘效益，都是由人一桩一件一点一滴干出来的。

再"高大上"的门店，也只能吸引更多顾客进店，最终留住顾客的是产品和服务，而产品和服务是谁提供的？是人。再好的水吧项目，如果推荐不到位、调制不熟练，企业主也发愁，而推荐和调制是谁提供的？还是人。所以，我常说一句话：重视门店及设备、包装、原料、产品并没有错，但不要忘了——人是造物者，忽视人的能动性与创造力，等于忽视一切。人，才是企业业绩倍增的"核动力"！

美国一家咨询公司花了20年时间跟踪500家大企业，发现这些企业长盛不衰的奥秘在于他们始终如一坚持——人的价值永远高于物的价值。因此，我认为，人，是烘焙行业的下一个风口！

谁能最先关注人、聚焦人，将人的价值最大化，谁就能在技术、原料、设备、包装等资源利用上最大化；谁能充分考核人、激励人，将人的潜能深度挖掘，谁就能把握风口、迎势而上，成为行业翘楚！相反，如果一家企业、一位企业主，时至今日都不能正视人的重要性，认为只要有好地段就有好生意，有好原料就有好产品，有好产品就有好销路，而无法充分认识"利益驱动、员工状态、企业效益"三者之间的关系，必将在市场的大浪淘沙中出局。

产品常被投诉,该从何处入手解决

企业主：巢老师，您好！我的企业生日蛋糕投诉多，门店报耗大，原料浪费也很严重。我花了很多时间精力、想了很多办法去解决，但总是解决了一个问题，其他问题又接踵而来。比如，前段时间我制订了蛋糕投诉的处罚制度，马上就有两个裱花师闹离职，而且门店说裱花师现在不想做蛋糕，因为怕被投诉。我感觉就像按下葫芦浮起瓢，顾得了这头、顾不了那头。

巢文静：如果你想解决的是事，那么，事只会越来越多；如果你想解决的是人，事才能从根本上得到解决。

第一章　关于人

我用人的身体来打个比方。人内分泌失调，脸上会长痘痘。如果只在痘痘表面涂药膏，只能解决表面问题。现在痘痘消失了，很快又会长出新的。如果能调节好内分泌，痘痘就能得到根治。痘痘就像企业出现的问题，我们简称为"事"，如果管理者最关心"事"能否解决，围绕表面问题抓管理，就永远有解决不完的"事"。不要忘记，所有的"事"都是"人"造成的。

如果只想解决蛋糕投诉，你会发现蛋糕做得越来越差，因为没有解决裱花师的激励问题；如果只想解决门店报耗，你会发现报耗越来越大，因为没有解决营业员的考核问题；如果只想解决原料浪费，你会发现浪费越来越多，因为没有解决生产人员的薪酬问题。对此，我总结为两句话：企业面临的所有问题，归根结底都是人的问题！只有解决了人的问题，其他问题才能迎刃而解！

要解决人的问题，首先要重视人、了解人。否则，盲目出击只会让矛盾激化、问题加剧。

什么是重视人？

企业主以为重视客户就可以了，其实，你不重视员工，你的员工怎么会重视你的客户呢？多数企业缺的不是客户，而是人才。没有人才，谁去帮企业开发客户、服务客户？

现在不是客户主导市场的时代，而是人才主导市场的时代。不是有多少客户需要多少人才服务，而是有多少人才可以开发与服务多少客户，人才质量、数量决定客户规模、价值。

什么是了解人？

人是好逸恶劳、追逐利益的，想要员工真正把企业扛在肩上，单靠做管理、建制度收效甚微,除非企业经营成果与员工的收入直接挂钩。员工做事不尽心、不尽力背后的声音往往是:公司又不是我的,那么拼干什么?我帮企业主做好了所有工作,我又能得到什么?

人才是最难驾驭的,人性是最难经营的。企业绝对不要把员工看作棋子。企业主虽然可以根据自己的意愿排兵布阵,可惜"棋子"并不一定如你所愿。员工更应该是骑士,有尊严、有人性、有梦想,只要戴上盔甲、骑上战马,就可以驰骋沙场、攻城略地。

人才是本,企业无人则止,选对人经营就成功了一半。人是企业盈利系统的中心,也是回报最快、最持久的资本。人性是根,无论多么高深广博的管理理论,都离不开人性这个根本,要顺应人性、经营人心。管理可以改善制度,但绝对不会改变人性和人心。

设立人事部也解决不了人的问题,为何

企业主:巢老师,您好!现在的员工太难管了,为此我组建了人事部,但效果不甚理想。本来,我想的是,员工对公司有意见、闹情绪、提离职,就让人事部去找他们谈谈心。员工不会和我说实话,人事部的员工去谈说不定员工会坦诚相告,这样就能因势利导,通过沟通把员工的心态扭转过来。结果,人事部的员工沟通回来告诉我,员工离职是因为薪资太低。如果能调薪,他们就愿意留下来。我心想,这个情况我不知道吗?用你来告诉我吗?人事部的用处在哪里?现在,人事部如同鸡肋,食之无味、弃之可惜。我在想,是不是因为他们的专业度不够，所以才没把工作做好，可不可以请您来给我们培训一下人力资源的专业知识？

巢文静：企业人力资源管理不见成效，企业主通常会认为这是专业度不够所致。但是，我认为多数企业缺的首先是对人性的认知，其次才是专业知识。

什么是对人性的认知？

比如，企业做绩效考核，把大量的精力花在制订、完善考核标准上，却只字不提有何激励。其实，员工的工作热情不是考核出来的，而是激励出来的。

再比如，企业指望通过人事部的员工三言两语的沟通就让员工不闹情绪、不提离职？在今天这个信息发达的时代，员工要工资与企业主要利润都是人性使然。想办法给够钱，才是当前的留人之本！

再比如，很多企业主常说不想当将军的士兵不是好士兵，不争取加薪的员工不是好员工。可是，很多员工一旦提出了加薪，企业主就再也不当他是好员工了。为什么企业可以追求利润最大化，企业主可以追求利益最大化，却不接受员工追求收入最大化。

再比如，我曾接触过一位企业主，去阿里巴巴游学之后在企业推行花名制度，让每一个员工都起花名，而且花名不能重样。在企业内部只能叫花名，不能叫真名。这位企业主以为做了这样的改变，自己的员工就会像阿里巴巴的员工一样开心工作、认真生活。结果，公司上上下下花费数月来做这件事情。当着企业主的面大家都没说什么，私下却怨声载道："做这些没有用的事情干什么？起了花名就开心了？我们还在租房子、挤公交，怎么开心得起来！"

第一章 关于人

　　企业以为自己在做人力资源管理，其实是把大量时间花在意义不大的事上，殊不知"人性、人才、人效"才是人力资源管理的核心。

　　任何一家企业，大到发展战略、机制改革，小到开会沟通、日常管理，管理的焦点永远是人，管理的核心永远是人性，管理的本质永远是通过尊重人性来释放人性，所有不遵循人性的管理行为都是无效的。

　　企业不懂人，不懂人性，谈何管理？

　　就算有人事部，就算掌握专业的人力资源知识，又怎么样呢？能够用好吗？因此，我建议企业在设立人事部、补充人力资源专业知识的同时，必须正确认知人性、尊重人性，通过人本建设把人性光辉和高尚的一面充分展现出来。只有这样，人事部才能发挥应有的作用。

第二章

关于管理误区

大部分企业主忙,不是忙于未来的战略,而是忙于昨天的问题。企业出现问题的根本原因,是企业主以不正确的方式思考。未经培训的员工和不懂经营的企业主,是企业最大的成本。

导读

企业缺制度，有了制度管理就不混乱了

企业缺培训，培训能提升员工的执行力

工厂缺技术主管，应将技术问题交由专人负责

企业缺监管，业绩都是盯出来的

企业缺市场，先开门店再解决人的问题

企业缺营销，搞活动、冲业绩才是"王道"

企业缺人，人多力量大、人多好办事

企业缺好员工，好员工无须激励也能把活干好

企业缺管理者，管不好是因为管理者不够多

企业缺制度，有了制度管理就不混乱了

企业主：巢老师，您好！我的企业管理很混乱，我想请您帮我制订一套制度。只要有了制度，大家就知道自己该做什么、不该做什么，管理就不混乱了。

巢文静：有你这样想法的企业主，不在少数。类似的想法还有，员工不知道该干什么，是因为没有岗位职责说明书；员工总是干不好，是因为没有操作标准；各部门衔接不好，是因为没有对接流程。

每次听到企业主的这些诉求，我都会问：有了制度，员工就会认真执行了吗？有了职责说明书，员工就会恪尽职守了吗？有了标准，员工就会严格遵照吗？有了流程，部门之间就不会互相指责、推诿了吗？

以上这些问题，就如同在问：有了红绿灯，司机是否就能自觉遵守交通规则？怎么可能？如果只有红绿灯，而没有司机闯红灯的处罚规则，红绿灯必会沦为摆设。

有不少企业主看到自己的企业管理乱、问题多，就出台规章制度、岗位职责说明书、工作流程等管理文件，希望问题得以解决。但是，往往是各种文件厚厚一沓，根本无法落到实处，只能在文件柜里积灰落尘。

很多企业就算有了战略、目标、制度、职责、流程、考核，又怎么样呢？还不是有战略但执行不力、有目标但光说不做、有制度却监管不严、有职责却形同虚设、有流程却流于形式、有考核却奖罚不明。

为什么企业花费人力、物力出台的管理制度难以执行到位？甚至还出现员工抵触、离职这样的反效果？我认为主要原因有3个。

第一，制度长篇大论，员工看都不看。

一讲到制度，很多人因担心制度不完善导致员工钻漏洞，而把制度制订得尽善尽美。有一次，我到一家企业进行咨询服务，该企业的人事主管搬出几大本制度手册，非常自豪地说："我们公司的制度非常全面。"

我随手翻看了一下，问在场的工厂主管："这些制度你全部仔细阅读了吗？厂里的工人都看过了吗？"

工厂主管愣了一下，说："内容太多了，我只是看了一小部分。

第二章 关于管理误区

厂里的工人几乎没看。"

我说："如果人事部门写了 20 页的制度文件，但员工只认真阅读了其中的两页，剩下的 18 页又有何价值？"

因此，我建议该企业推行"一页纸制度"。所有的制度，长度不能超过一页纸，把重点、核心描述到位，让员工理解明白就好。简化制度，细化流程，强化执行，不要将制度做成长篇大论，因为员工根本不会有耐心看完。

第二，重视制度而忽视数据，就是只要过程不要结果。

企业不惜花费大量人力、物力、财力，订制度、做流程，却不愿花一点时间做数据收集与分析，觉得那是在浪费时间、增加管理成本。不知道数据究竟有什么用处。

制度指向的只是工作要求和规范，要求员工按部就班、循规蹈矩地工作，管控的只是员工的行为和过程；而数据却能反映出工作结果和效果，客观真实地衡量员工的价值和贡献。

我很奇怪，一直标榜只看结果、不管过程的企业主，对制度如此情有独钟，却对数据不屑一顾。殊不知，一切过程都应为结果服务。而且，制度只能让员工被动做事，只有通过数据分析设计好的激励机制才能让员工主动做出好的工作成果。因此，企业主要一手抓制度建设，一手抓数据沉淀和员工激励。

第三，有制度没激励，制度再完善也等于零。

我之前服务的一家企业，曾耗资数百万元做精益化生产管理。结果，所有的流程、标准、规范出来之后，企业主却为一件事情犯了难：员工不执行，企业该怎么办呢？

企业有制度≠员工会执行，如果企业主希望改变这一现状，必须解决以下这3个问题。

1. 员工为什么要执行，执行能得到什么好处？（正激励）
2. 员工凭什么要执行，不执行又有什么坏处？（负激励）
3. 就算企业设有激励机制，每个员工都清楚明白吗？

你让员工背100斤的砖，他会找各种理由，表示挑不动、累死人，因为他两肩挑的是压力和控制，所以跑不动。如果他背的是100斤的钱，结果将大不相同，因为挑的是自己的利益和梦想，他可能会飞起来。

管理说到底并不难，只要能抓住核心问题——人性。用分配解决人性的自私，用考核解决人性的懒惰，用晋升解决人性的虚荣，用激励解决人性的恐惧。抓住人性，你就是管理大师。

企业缺培训，培训能提升员工的执行力

企业主：巢老师，您好！我之前在某大型连锁企业任高管，后来自己创业。其实，我的企业从来不缺发展战略与营销策略，但员工的执行力总是令人担忧。平常开会、沟通，我都在强调这件事情，也请了专门的老师来培训，但却没有什么效果。

现在的员工真是令企业左右为难。企业不提供培训，员工喊没成长、没进步，不想干；企业提供培训，员工又嫌培训浪费时间，有些人甚至还问参加培训有没有补贴？有没有加班费？

后来，我去听了一堂培训课，某老师教了一个方法：送员工到外面参加培训，让其承担一部分的学费。如果员工回来将所学内容执行到位了，公司就返还这部分学费；如果没执行到位，就不返还。我当时听了，觉得很有道理。可在实际操作中，却遇到了两个棘手的问题。

第一个问题，我在向员工收钱的时候，员工说：我去培训是为了更好地为企业工作，为什么要我交钱？

第二个问题，学习效果不理想。员工听的时候激动，回家想想感动，工作当中一动不动。但是，由于没有客观且能服众的标准来衡量他有没有执行到位，最后还是把钱都返还给了他们。

巢老师，到底怎么样才能真正提升员工的执行力呢？

巢文静：我曾接触的一位企业主和你一样，也觉得员工不积极、执行力差，很头疼，就请了一位名声在外的老师来企业讲执行力。结果，这位老师上台讲了不到20分钟，台下员工睡觉的、看手机的、打游戏的比比皆是。可以用一句话来形容当时的场景，前面打游戏的员工让中间讲话的员工小声点，不要吵到后面睡觉的员工。

据我所知，这家企业每年都会请不同的老师来讲执行力，但效果就是不理想，管理层和员工很讨厌上这种课。其实，那位老师的课我听过，讲得很生动，只是执行力真的不是培训出来的。

那么，如何才能提高员工的执行力呢？

员工的执行力和企业文化、荣誉、情感都息息相关，但现在太多的员工迫切需要收入来改善生活，员工的执行力更多是来自于利益的驱动。

很多时候，员工不愿意去做事情，是因为看不到价值与利益。

就好像你不愿意在某个地段开店,不是不想开店,而是看不到这个地段的价值。

利益的驱动力没有解决,一切的制度都无法落地,一切的培训都是浪费金钱,一切的管理都毫无意义。

工厂缺技术主管，应将技术问题交由专人负责

企业主：巢老师，您好！我想提升产品品质，以及做好新产品的量产，提高新产品的更新速度与寿命期。所以，我把工厂的生产与技术分由两个主管负责，您觉着这样会不会更有利于管理？

巢文静：我和你分享一个多年前服务过的烘焙企业案例。

那家企业的工厂有两个管理者，一个是生产总监张三（化名），负责纪律、人员和整个工厂的日常事务；另一个是技术总监李四（化名），负责培训人员生产技术及全面品质管控。

企业主的想法很简单，工厂问题不断，多次找张三沟通却无法

解决,就想是不是他能力不够?于是,提拔技术好、责任心强的李四任技术总监。一个人负责生产日常事务,一个人负责技术品质把控,两个人一起管工厂,这下总能把工厂管好了吧。可是,工厂的问题不仅没减少,反而剧增!

之前,工厂的产品销售额虽然没有增长,但基本维持在每月150万元左右。张三和李四一起管理工厂后,在门店数量不变的情况下,第一个月的销售额降到140万元,第二个月又降到135万元,第三个月爆降到90万元。

企业主以为是受到中秋节的影响,可就在中秋过去后的下一个月,原本应该回暖的销售额,居然仍维持在90万元。

为什么把工厂的生产与技术分由两个主管负责之后,产品问题不减反增,业绩急剧下滑?因为,这样的分工犯了管理中的大忌——多头管理。工厂的每一个工作结果,都包含生产和技术的因素,这本身是同一件事,却由两个人管理,这就是多头管理。

企业主原本想看到两个人同心协力、取长补短,但实际上却是两个人要么都不管,因为我以为你在管,你又以为我在管;要么就是都在"管",但意见不统一,工人不知道该听谁的,管比不管更乱,企业的内斗、内耗因此而生。

"一山难容二虎"是亘古不变的真理。如果同一个部门有两位职权相等的主管,那这个部门有很大概率会成为一盘散沙。每个主管在为人处世上都有自己的方式,如果级别不同,就算意见不合,下级也必须执行上级指令。可是,一旦出现两者职位与权力相等,却同时管理一个部门,问题将会层出不穷。

问题一，争权夺利。也许两个人都在想，企业主之所以让我们同时管理这个部门，一定是想着以后要提拔一个。这样一想，两个人在工作中都要拉拢能够为自己效力的人才。久而久之，一个团队明显分成两派，大家两看两相厌，团队人心涣散，没有任何凝聚力。

问题二，推卸责任。大家都从自身的利益出发，都想坐享其成。如果一件事情朝着不好的方向发展，他们不会想着怎么遏制这种现象，怎么亡羊补牢，而是紧抓对方的错误，将"脏水"尽可能泼到对方身上，以确保自己全身而退。比如，门店发现最近的手撕包经常烤焦，反馈到企业主那里，问生产总监张三原因，张三说技术问题应该找李四。企业主问技术总监李四，李四又说技术他都教会了，只是员工不执行，人员问题应该找张三。问题像个皮球，总是被踢来踢去，找不到真正的责任人。久而久之，两位主管渐渐养成事不关己高高挂起的工作态度，只想着怎么坐收渔翁之利。

其实，中国的文字早已把这个道理讲透了，一个中心叫忠，两个中心叫患。

忠　　患

一个中心，团结一致，就是忠。　　两个中心，莫衷一是，即成患。

第二章　关于管理误区

据此，我向那位企业主提议，马上改变工厂组织架构，不采用传统模式，不单纯从管理而是从经营的角度出发，将工厂分成两个经营单元：面包经营单元、蛋糕经营单元。

生产管理者直接对经营单元负责，即张三直接对面包经营单元的效益负责，李四直接对蛋糕经营单元的效益负责。

该企业主回到企业后马上执行了我的建议。果然，新制度执行后的第一个月，产品的销售额就止住了下跌的趋势；第二个月回暖到120万元；第三个月回暖到134万元；第四个月导入共赢式加薪后回暖到150万元，已经回到张三、李四多头管理前的状态。

一个简单的组织架构调整，便可以止住业绩如泄洪般的下跌趋势。该工厂导入共赢式加薪一年后，销售额翻了一番。

案例讲到这里，作为企业主的你，还会认为把工厂的生产与技术分由两个主管负责有利于管理吗？

现在，我来总结两点管理经验，如下所述。

第一，小企业可以有大企业梦，但不能犯大企业病。

每一个员工都是经营者、每一个部门都是经营单元、每一个重要环节都是利润中心，要把企业这个庞大的组织变成一个个小的经营单元。在机制上做成小企业，才能在规模上做成大企业。

第二，多人负责同一件事，必会造成责任稀释。

一个和尚挑水喝，两个和尚抬水喝，三个和尚没水喝。同一项工作，一个人做，要承担100%的责任；两个人做，各承担50%的责任；三个人做，每人承担33%的责任。责任被稀释的结果是：大家都不愿意承担责任，相互依赖与推诿，个人责任感越加淡薄。

目标可以分解，而责任不可以分割；一个人可以负责多件事情，但一件事情只能由一个人负责。

企业缺监管，业绩都是盯出来的

企业主：巢老师，您好！我之前有 8 家门店，管理上也没出现太大问题。开到第九家店、第十家店的时候，就明显感到力不从心，门店员工的执行力没以前到位了，企业的业绩停滞不前。

巢文静：你的企业一直都执行强管控模式，对吗？员工被动执行，全靠企业主和管理层跟在屁股后面督促，员工压力明显大于动力，这样的管理模式，我称之为"强管控"。

企业主：是的，我每天雷打不动至少巡视 3 家店。很多东西都是靠我盯着、管着、追着，才能落实到位。

巢文静：强管控模式有以下几种弊端。

1.盯着员工干活，你很难得到想要的结果。因为，你只能盯着员工的工作过程，当你要员工拿工作结果的时候，他早已准备好各种理由和借口。最终，你不得不将大把的人力成本花在买他低效的时间、没有结果的过程、低价值的工作表现上面。

2.作为企业主的你，感到身心疲惫。即便你早已实现了财务自由，但你没有时间自由，公司的事情要你亲力亲为，根本脱不开身。公司是手动挡而不是自动挡，离开你，马上就会出乱子，甚至瘫痪。

3."强管控"有明显的管理边界。8家门店以下尚可靠透支企业主的时间与精力勉强维持，但只要超过8家门店，企业主就会明显感到带不动企业。

执行"强管控"的企业，无法真正做大。因为你会发现：开8家门店的时候是赚钱的，但开12家门店的时候未必是赚钱的，开16家门店的时候甚至是亏损的。

为何会出现这样的情况？

开一家门店，一切事情都在企业主视线范围之内，企业主用人盯人的方法事必躬亲地管理店面，自然达到每人每天价值最大化的经营成果。

扩大到8家门店后，人、财、物已经超出了企业主的视线范围，无法事必躬亲，员工不会做企业主要求的事，只会做企业主检查的事，尤其会反复做企业主又检查又激励的事，店长们也是如此。这时，还没搭建科学有效的薪酬机制的企业，将出现各种新问题：如果企业主管理细致，下面的人不敢自己做主，事事请示企业主，企业主虽然忙得团团转,还是管不好企业;如果企业主管理粗放,团队只追求容易做成的事情——比如规模,企业规模做上去了,效益却大幅下降了,原因是没有人管效益,也没有人能管得住效益。

此时,企业主的选择无外乎两个:要么不让企业大到自己无法控制,要么学会管理。

学会管理具体指什么呢?很重要的一点,就是把"发钱"改为"分钱"。

"发钱"与"分钱"的区别是什么?一字之差,相去甚远。

发钱的操作很简单,入职前谈好工资,一年里都可以不用改动,每到发工资那天直接给员工发钱。不过,员工拿着旱涝保收的工资,干着无须为结果负责的工作,后果可想而知。

分钱的操作不简单,要准确全面地收集数据、系统合理地设计薪酬方案,并持续不断地优化完善。不过,员工会努力干、拼命干、自动自发地干。与其纠结发多少钱给员工才合适,不如设定科学有效的分钱机制,激励员工创造更高价值。

从发钱走向分钱,才是企业管理困境的破解之道!企业千万不要定位自己为"给予者",而要定位为"分配者"。通过搭建共赢式加薪机制,让员工成为创造者,而不是单纯的获取者。

企业缺市场，先开门店再解决人的问题

企业主：巢老师，您好！我也很想导入共赢式加薪，但我认为当务之急是先把市场做起来，然后再慢慢解决人的问题。没有市场、没有生意，有人也没用呀。

巢文静：与你分享一个真实案例。

有一位烘焙企业主，几年前我就推荐她的企业导入共赢式加薪。当时，这位企业主的回复是：虽然现在企业在人员管理方面存在很多问题，但生意还是挺好的，在当地是第一名。现在只想再多开几家门店，其他的晚点再说。

第二章 关于管理误区

就在今年，这位企业主专门从外地找到我，希望我无论如何也要在她的企业导入共赢式加薪，费用不是问题，现场刷卡。最好当晚收拾行李，第二天和她一起去她的企业。我问她为什么这样急，她说了下面的一段话。

以前人员管理不到位，难免会存在服务差一些、卫生脏一些、产品弱一些、浪费多一些的问题，但当时业绩还不错，就不认为这些是什么大不了的问题。

后来，来了强有力的竞争对手。我无论如何也没想到，这么小的县级市居然会来这么尊"大神"。

竞争对手因为有好的管理机制，所以产品、服务、卫生都比我做得好，就算价格比我高，客户也买账。

现在，我的客户跑了、生意差了、核心骨干也走了，正在考虑要不要把亏损的门店关掉。真是没有对比就没有伤害！

真后悔这么多年来我在产品、技术、营销上投入的时间太多，而在"人"这方面投入的太少！

我曾经从外面请过一个副总经理，来的时候扬言要实现业绩翻番的目标。结果半年时间，企业从每个月微微盈利搞成了每个月亏损几十万元。最后，副总经理另谋高就、扬长而去。我觉得外人不如自己人可靠，就安排亲戚来公司帮忙，结果还是一团糟，现在连亲戚都没得做了。

真后悔没在企业顺风顺水的时候导入共赢式加薪，使我的企业更上一层楼。现在企业发展不好，整个企业只有我一个人在奋斗。

除了我以外，没有人会担心企业的明天。长时间处于焦虑当中，我的身体也垮了。

我为这家企业、这位企业主感到万分心痛。只有当潮水退去，才知道谁在裸泳。当市场红利消退、对手兵临城下、空降高管拂袖而去之后才想到变革，可企业已经元气大伤，为何总是要不撞南墙不回头？要知道：人无远虑，必有近忧。

不解决人的问题，就算门店开在地段最好的地方，拥有最好的装修和设备，但销售和服务能力跟不上，依然会经营困难，甚至亏损。门店没有盈利能力，还要靠企业主输血续命、赔钱养活，这样的企业就算能抢占地盘，但又能维持多久？活着只是侥幸！

因此，与其盲目开门店，不如用开门店的精力与金钱搭建机制、培养人才。只需要半年到一年的时间就可以夯实管理基础，再开门店生意反而更好，赚钱反而更多。正如同，与其去追一匹马，不如用追马的时间种草，待到春暖花开时，就会有一群骏马任你挑选。

企业缺营销,搞活动、冲业绩才是"王道"

企业主:巢老师,您好!我觉得人员管理、机制搭建这些事情都没什么意义。企业最重要的是要有业绩,没有业绩什么都是空谈,做营销、搞活动、冲业绩才是"王道"!

巢文静:你刚才提到"做营销、搞活动、冲业绩才是'王道'",我举两个例子来谈谈我的看法。

第一个例子。有一位企业主与我分享,他的竞争对手早晨推出现烤产品,他也想这么做,但员工早晨总是请假,不是说要给家人做早餐,就是要送小孩上学。他本不想批假,但无奈员工提离职,现在这么难招人，最终只好妥协。

试想，企业的营销策略再高明，活动再优惠，最终要靠谁来执行和推动？一流的方案也需要一流的执行，再好的营销和活动都离不开员工的执行和推动！

第二个例子。某烘焙企业，中秋节在门店搞充值赠送活动，充值300元就送两盒月饼。结果，一个月过去了，充值的客户寥寥无几。企业主很郁闷，自家的月饼有这么差吗？送都送不出去？后来追查才知道，原来营业员压根就没向客户推荐这个活动，客户并不知道有这回事。大家都知道营销的重要性，因为酒香也怕巷子深；但大家不知道的是，员工是那条最深的巷子。

企业所有的营销活动，所有的商业模式，归根结底就是一个模式——赚钱模式。赚钱模式的背后是分钱模式。

如果你的分钱模式没做好，没有充分调动员工的积极性、能动性，你的赚钱模式再好，也无法真正落地执行。所以，你在想怎么做营销、搞活动的同时，千万别忘了做以下4件事。

1. 目标转化。要把企业的目标转化为所有人的目标。
2. 利益分配。利益在哪里，员工的焦点就在哪里。
3. 奖励设计。奖励在哪里，团队的发力点就在哪里。
4. 奖金分配。优秀的领导者不是死压任务，而是分配奖金。

企业缺人，人多力量大、人多好办事

企业主：巢老师，您好！我的企业缺人缺得厉害，怎么样才能招到更多人呢？有更多的人，企业才能做更多的事情！

巢文静：很多企业主有一个根深蒂固的观念——人多力量大、人多好办事。在企业快速扩张的过程中，他们不断招兵买马扩充团队，或者在内部培养储备人才。

以开店扩张为名招贤纳士，但由于没有清晰的发展规划，养兵千日却迟迟没有用兵之时；以招人用人为名，把自己的亲戚、同学、老乡及其他裙带关系都招到企业，认为这些人知根知底，忠诚度和稳定性都很有保障，结果如何呢？

前不久，我与一家年营业额几千万元、经营了十几年、有员工200多人的企业主聊天。该企业主很直接地说：公司现在没利润，钱都分给员工了。但是，员工还嫌少、不知足。

盲目追求增员的企业，往往会陷入人效浪费、人浮于事的管理泥潭。两个人的活儿却要3个人干，从员工的个人角度来看，僧多粥少，每个人的收入当然不高；从企业整体来看，就算员工收入不高，但由于人数众多，工资及福利费用也是一笔巨大的开支。

我用一句话来概括上面的情况：员工收入不高，但企业却被人力成本居高不下困扰不休。

更何况，工资只是你看得到的显性人工成本，因人员增加而带来的沟通和管理等隐形成本，更是难以估量。

我举个例子。某企业的员工多次反映食堂的大米里有沙子，企业主获悉后指示行政部门换米。一个月后，企业主再次接到员工投诉，于是召集行政、采购、人力资源等部门开会，大家讲了很多原因，相互推诿责任。最后，企业主拿起电话联系供应商换新米，3分钟解决了问题。人与人、部门与部门之间的沟通和管理等隐形成本，已经成为企业最大的成本！

其实，现在经营企业，靠的不是人海战术，而是人员精干。人不是越多越好，而是越精干越好。

两个人能干4个人的活儿，企业就可以发给他们3个人的工资。对员工而言，多拿一半的工资，收入高了，干更多事的动力就有了，而且员工不容易流失。对企业而言，少发一个人的工资，不只降低了人工成本，还减少了隐形成本。

衡量一家企业团队是否精干，数据化指标就是人均产出。在现在经济转型升级的大环境下，市场竞争正在从过去的人力成本的竞争转变为人均产出的竞争。怎么理解这句话？

所谓人力成本的竞争，是通过控制员工收入，压低人力成本，以此增加利润空间，其后果是留不住人、招不到人。与其如此，不如释放对员工收入的限制，通过搭建机制用最少的人做最多的事，实现员工收入和企业利润最大化，这就是人均产出的竞争。对民营企业而言，更应如此，原因有二：一方面是工资普遍上涨，人力成本急剧增加；另一方面却是招人难，留人难。在市场竞争日益白热化的今天，"放弃人多力量大的传统观念，利用有限人力创造更多效益"才是民营企业的明智之举。

人多力量大、人多好办事，这样的企业用人观念已经不适合当下的企业了。

做蛋糕的人少，分蛋糕的人多，再好的企业也会一步步倒下。

添柴火的人少，等着取暖的人多，最终大家都会受冻挨饿。

因此，企业在以人为本的同时，必须以效为魂。

何为以人为本？

企业无人则止，招不到人才无法扩张，留不住人才必将面临效益下滑的局面，人才已经超越资本成为企业发展最大的瓶颈。

何为以效为魂？

人不是越多越好，而是越精越好。人最大的价值不是能力有多高，而是如何为企业创造更好的效益。

切勿做那种"以扩张为名，招贤纳士，但养兵千日，却迟迟没有用兵之时"的事情。因为恐怕还没有等到扩张，企业就被居高不下的人工成本吞没掉了。每招一个人，每设一个岗位，企业主都要思考如下几个问题：

1. 新招的人或新设的岗位是成本，还是资本？
2. 是来做蛋糕的，还是来分蛋糕的？
3. 是效益的创造者，还是矛盾的制造者？
4. 是员工创造出来的效益在养着公司？还是公司在"输血"养活员工？

企业缺好员工，好员工无须激励也能把活干好

企业主：巢老师，您好！我觉得我的企业之所以出现很多管理问题，不是因为薪酬机制的问题，而是没有找到对的人。我相信，只要找到对的人，就算没有激励，这个人也会尽职尽责。而且，我认为这和我所在的城市也是有关系的，小城市的人好吃懒做，都不上进，不比广东等沿海省份的人有冲劲。但是，没办法了，我已经在那里开门店了。

巢文静：你的企业经营多少年了？

企业主：5年了。

巢文静：现在有几家门店？

企业主：两家店。

巢文静：你对这样的发展速度满意吗？

企业主：当然不满意了。

巢文静：你的企业在当地是发展的最好的吗？我是说同行业内。

企业主：不是。当地的一个同行两年开了6家门店。

巢文静：他的员工是从沿海招来的吗？

企业主：不是，也是在本地招的。

巢文静：为什么都是在本地招人，你是5年两家门店，但别人是两年6家门店？

这位企业主没有回答，陷入了沉思。在场的其他企业主帮他找到了答案——"都是自己的问题，不要怨地区，更不要怨别人"。

管理学大师彼得·德鲁克在谈到"高绩效"时指出：一个企业在管理上的成就，并不在于他有多少天才员工，而在于这个企业如何使平常员工取得更好的绩效。

在这里，我谈谈"只要找到对的人，就算没有激励，这个人也会尽职尽责"这个问题。

什么是对的人？

通常，企业主的理解会有两种，如下所述。

第一种，听话、任劳任怨，不和企业主谈条件、不找企业主加工资。

第二种，能干、反应快、学习能力强，能带好团队、做好业绩，真正为企业创造效益。

第二章　关于管理误区

对于第一种人，我的看法是：如果今天有一个员工告诉我，他不在乎工资多少。我会告诉他，"在这个时代，没有完全不在乎钱的人。那些所谓不在乎工资多少的人，并非不重视金钱，而可能是害怕承担、付出、压力、劳累。金钱是衡量价值的砝码，你是不在乎钱，还是不愿意贡献价值和承担责任？通过为企业创造效益获得更多报酬，是天经地义、公平合理的事情！"

不和企业主谈利益的员工，要不就是"傻"的可爱，要不就是懒得要命。能干、有想法、能为企业创造高效益的员工，一定对金钱有更高的追求。追逐名利是人的本性，比假清高更有创造力。

企业主们，千万别鄙视为钱奔跑的人，他们很可能是为你创造财富最多的人。

第二种人，我称之为能人。

我认为，不是能人不需要激励，而是能人更需要激励！

一方面，人都有惰性，需要点燃激情和驱动动力。缺乏有效的激励，能人也会失去动力，最后一步步变身为"老油条"。

另一方面，企业如何才能留住能人？或者说，如何才能保证能人为企业持续创造效益？毋庸置疑，答案一定是激励。如果没有好的激励，企业就无法留住能人，因为人往高处走、良禽择木而栖是人的本性，这与忠诚无关。而且，没有好的激励，能人也无法真正创造价值，因为意愿不足会制约其表现力与创造力。

所以，我建议把"找到对的人就不需要激励"这句话，改为这么3句话，如下所述。

1. 找到对的人，激励会更有价值。如果没有找对人、用对人，激励再强也没多大作用。

2.越是对的人,越需要激励。因为越是有能力的人,越是有更多想法、更多选择。

3.企业不是守株待兔等来不平凡的人,而是通过搭建系统机制让平凡的人做不平凡的事。

企业缺管理者，管不好是因为管理者不够多

企业主：巢老师，您好！企业管理让我很头疼，我觉得企业管不好，根本原因在于管理者不够多！

巢文静：真的是这样吗？我认为，企业管不好，不是因为管理者不够，恰恰是管理者太多。

拿着高薪，却做不出高价值的高管太多；忙来忙去，只忙着做事情、却忙不出结果的中层太多；一边反映问题、埋怨制度不完善，一边无视制度，为其他部门开后门、行方便的后勤人员太多。

管理不应大于经营，这是我一直坚持的观点，也是谈得最多的

话题。

当一家企业的管理能力大于经营能力的时候,那常常意味着亏损。这就是为什么有的公司制度很健全、文化理念很先进、人才很优秀,但就是经营不景气的原因。

企业有多大的规模、体量,就配套多大的管理团队。一切不能创造效益的管理行为都有可能是一种浪费。管理的目的是为了管出效益,而不是越管越烦琐。

启示:当一家企业出现管理大于经营的情况,请企业主果断做出如下两项决策并坚决执行到位。

1. 砍掉只增加了成本却无法创造效益的管理行为,实现管理必须输出经营价值的目的。

2. 砍掉不能直接对经营成果负责的岗位,实现人人都是经营者的目的,全员对经营负责。

在企业利润越来越薄的今天,千万别将企业仅存的一点点利润做无效的分配。

第三章

关于报耗

企业控报耗，经常会出现以下两种情况。

激励过大，门店宁愿缺货，影响营收，也要把报耗降下来。

激励过小，门店不惜用多备货、高报耗来冲业绩。

其实，这是烘焙企业薪酬设计中的典型错误——激励失衡。

导读

门店报耗大,问题出在哪

控报耗造成业绩下滑,怎么办

用共赢式加薪控报耗,有何不同

只要业绩好,报耗高也无所谓,对吗

门店报耗大，问题出在哪

企业主：巢老师，您好！我的门店报耗特别大，我按您教的方法算了一下，居然有18%的报耗，15家门店每个月报耗三四万元的东西，半年就报耗了23万元，报耗的钱比我赚的钱还多。我妻子说，"你不是做面包的，是养鸡的，报耗那么大、原料这么贵，辛辛苦苦赚的钱都拿去喂鸡。烘焙店只是你的副业，养面包鸡才是你的主业"。其实，我也不想这样呀，问题到底出在哪里呢？

巢文静：这种情况是近期出现的，还是一直存在的？

企业主：近期出现的。

巢文静：近期是不是做过业绩达标奖、业绩提成之类的激励？

企业主：是的，半年前做了业绩达标奖，激励力度挺大的。巢老师，这个情况刚才我并没有说，你是怎么知道的？

巢文静：虽然这个情况之前我并不知道，但什么事情都有它的发展规律，经营企业也不例外。关于报耗大这个现象，"一直存在"和"近期发生"是由两种不同原因造成的。就像腰痛，有可能是肌肉拉伤造成，也有可能是肾脏不好所致。因此，必须先做诊断。

一般来说，如果是近期发生的，通常是因为你看到销售额上不去，希望门店大力拉动业绩，于是推出业绩达标奖、业绩提成之类的奖励，其本质就是把门店人员的收入和业绩挂钩。这类奖励表面看上去没有问题，实际却暗含了极大的风险，只是很多企业主浑然不觉。

"极大的风险"指什么？

员工看到自己的收入和业绩挂钩，自然会想办法提升业绩。什么方法能最快提升业绩？那就是搞活动、打折、买赠等。既然要搞活动，就一定要有充足的货源做堆头。于是，必然加大备货量。

门店虽然要搞活动，但对于这场活动具体能做出多少业绩并没有预估，只是让工厂多出货。结果，工厂出了50万元的货，可这场活动只做了46万元的业绩。这么一来，4万元的货就报耗了。

或者说，门店是有清晰预估的。这场活动能做到50万元的业绩，因此让工厂出50万元的货。但是，因为组织不力只做到了46万元的业绩，这样的情况也会导致4万元的货报耗。

固定工资+业绩达标奖（或超目标业绩提成）的薪酬模式下，

门店人员、营销策划人员的收入只跟业绩挂钩，不和门店报耗及打折、让利等营销费用挂钩，员工必然会为了冲业绩而大量备货做堆头、大幅度搞优惠促销。到头来，搞活动是比平常多带来了5000元的销售额，但企业却因此付出了8000元的产品成本和营销费用。表面看，业绩多了5000元，其实企业还亏了3000元，赔本赚吆喝。

上面这些情况的发生，多数企业主一开始是不知道的。因为大部分企业主缺乏数据意识，没有实时统计和分析经营数据的习惯，当然后知后觉。只有过了一段时间，账上的钱越来越少，才会慢慢察觉。

其实，正常的营销活动，应该是投入2000元的产品成本和营销费用就能产出5000元的业绩，企业还赚了3000元。

利益在哪里，员工的焦点就在哪里。没有数据依托、不权衡利弊、不全面思考的薪酬方案，就好像一个陷阱，让员工在人性趋利避害的驱使下，将企业推向无尽的深渊。

小公式

烘焙企业报损率＝报耗金额÷门店产品（包括面包、蛋糕、冻点、西饼等）的销售金额

报耗造成业绩下滑，怎么办

企业主：巢老师，您好！以前我不重视数据管理，听了您的课之后，我回去认认真真算了一次门店报耗，大到吓死人。4家门店一年报耗13万元，像这样的情况，怎么办？我是不是要出台措施，严格管控报耗？

巢文静：一年13万元的报耗，对企业来说是不幸的。但是，不幸中的万幸，是在你出台措施之前，我们能有机会探讨这个问题，而不是在出台之后。

遇到企业报耗大这样的情况，企业主们通常会先安排高管或门

第三章 关于报耗

店负责人去解决。但是，解决的效果通常无法让企业主满意。因为，薪酬不变动，员工怎么会去行动。当管理者的收入还停留在只和营业额挂钩时，他肯定只关注营业额，人工、报耗、成本并不在他的操心范围内。

一两个月过去后，企业主看到依然有大量报耗，认为这样不是办法，报耗浪费掉的钱比赚到的钱还要多，必然会亲自抓，自己定制度去控报耗。这也正是你现在打算做的事情。但是，这样的措施通常会出现"用力过猛"的情况。一旦控报耗的力度比业绩激励的力度大，你会马上发现门店不备货了，还没到晚高峰，门店就缺货了，营业额立即受到影响。

还有一种情况，门店私下用更改产品保质期标签的方法来减少报耗。表面上，报耗得到了控制。但是，实际上客户吃到的产品已经过期，口感很不好，便不再有后续消费。因此，业绩必然下滑。企业主见状，一定会减轻报耗的管控力度。即便如此，业绩也没办法回暖了，因为客户的信任已经一去不复返了。

因此，在薪酬设计的整个过程中，一定要全盘思考，避免激励失衡。

用共赢式加薪控报耗，有何不同

企业主：巢老师，您好！为什么同样都是控报耗，共赢式加薪既能控报耗又能涨业绩。而我控报耗，却出现一抓报耗业绩就死、一放松管控报耗就飞的情况？您的做法和我的有什么不同？

巢文静：企业控报耗，经常会出现两种情况。激励过大，门店马上减少备货，宁愿缺货，影响营收，也要把报耗降下来。激励过小，门店继续大量备货，不惜用多备货、高报耗来冲业绩！这是烘焙企业薪酬设计中的典型错误——激励失衡。

我与企业主虽然都是在控报耗，但区别有两点，如下所述。

第一，方法的运用和力度的掌握。就好像炒菜，都是用同样的原料，但为什么有的人炒得特别好吃？关键在于火候的把握。我们会通过数据分析与测算，得出合理的营业额和报耗的激励力度，让员工冲业绩的同时又能很好的控制报耗。

第二，共赢式加薪除了用利益驱动控报耗，还会有配套制度堵漏洞。比如，把员工的收入与营业额和报耗挂钩，是不是就万事大吉了？绝对不是，赠品和试吃品的问题你考虑过吗？

有一家企业控报耗之后，门店把准备报耗的产品做成赠品、试吃品。这样做皆大欢喜，一来报耗减少了，二来客户没掏钱也不会说什么，两全其美。但是，对企业来说，真的是两全其美吗？

首先，试吃的目的是让客户尝鲜，继而消费。可是，准备报耗的产品就算本来很好吃，放了那么久，口感已经变差，这和企业做试吃的初衷背道而驰。

其次，企业控报耗，本意在于倒逼门店精准备货，结果却又因为害怕浪费，允许门店晚上做买赠活动。这么一来，门店为什么要费尽心思做好备货，反正晚上搞买赠活动，清库存就可以了。

在我看来，将临近到期的产品送给客户与最后退回工厂其实没有区别。因为无论哪一种方式，都没给企业带来任何经济价值。把准备报耗的产品做成赠品，说得轻一点是打擦边球，说得重一点就是数据作假。

其实，控报耗要堵住的漏洞共有 28 个，买赠、试吃只是其中的两个漏洞。你在企业管理、人员管理上的诸多问题，看似是管理问题，其实是薪酬设计不当、配套制度不全、执行操作不妥出现的副作用。

  薪酬改革需要系统性的思考与构建。否则，怎么能成为一门单独学科呢？所以，薪酬改革绝对不是一纸方案那么简单，48个配套制度以及76项执行细节无不决定着企业薪酬改革的成败。

只要业绩好，报耗高也无所谓，对吗

企业主：巢老师，您好！前几天我看了我们企业2016年的财务报表，这几天晚上都睡不着。企业2015年销售额500万元，2016年销售额600万元，增长了100万元。按道理来说，我应该很高兴，但我却高兴不起来。因为2015年全年利润还有75万元，可2016年只有不到60万元的利润。昨天开股东会，股东质问我。我百思不得其解，为什么销售额增加了，但利润却下滑了？

巢文静：你的问题和"控报耗造成业绩下滑，怎么办"看似是两个不同的问题，但本质是一样的，都是当激励设计失衡，管理层、员工必定会不惜牺牲一切成本（除了他们自己的工资）来推动业绩上升，花500元营销成本带来400元的业绩增长，利润能不降吗？所以，每次听到有企业主说"我的企业发展挺不错的，业绩都在增长"，我都会委婉地提醒对方，"业绩增长不是难事，难的是良性增长"。

除此之外，我相信你一定还会疑惑"为什么企业利润下降，却还要给员工奖励"？

企业主：是的，是的，巢老师，我就是想不通！2016年利润比2015年下降20%，但员工工资却上升了30%，为什么呢？

巢文静：员工工资上升，部分是因为工资固定增长，但更多是来自于超目标业绩提成这类奖励。员工牺牲企业的成本，做高门店的业绩，换来自己的提成。结果，企业的利润下滑了。

企业主：确实是这样的。可是，巢老师，只要能让员工留下来，其实我少赚一点钱也没关系。

巢文静：一家还在推行业绩达标奖之类的奖励、没将成本费用与员工收入有效挂钩的企业，必然在高成本下运行，利润一定不高。除了企业主少赚钱，还意味着企业无法为员工提供更好的福利待遇。这样的企业怎能留住优秀的人？因此，我建议做薪酬改革时，在保证员工收入不降的情况下，必须取消业绩达标奖、超目标业绩提成这类"杀敌一百、自损三千"的激励制度。否则，你一定会在更多的问题中备受煎熬。

下面，我用一个例子来深入剖析。

某企业主的企业，隐形浪费简直吓死人。

先说报耗。店长备货，不看情况看心情。哪种产品该多备，哪种产品该少备，完全不用心观察，也不去思考，总之两个字——随意。

要么是好卖的产品没备够，还没到晚高峰就缺货了。客户兴致勃勃而来，买不到自己喜欢的产品，两手空空败兴而归。本来今天能做 3300 元的营业额，结果只做到了 3000 元。仅这一天就损失了 300 元，一个月就损失了 9000 元，一年就损失了 10.8 万元。就算是只有 4 家门店的企业，一年加起来，仅此一项就损失了 43.2 万元。

要么是不好卖的产品备多了，卖不完等着报耗，门店的整体报耗率达到 8%。8% 是什么概念呢？每 100 元的易报耗产品就有 8 元因为过期没卖出去而浪费掉。

很多人可能会想，做烘焙不可能一点报耗都没有吧？确实，有报耗是正常的，但 8% 远高于正常值。很多烘焙企业导入了共赢式加薪之后，报耗能很好地控制在 2%～3%，说明高出来的五六个百分点是的的确确被浪费掉了。

在某企业主的企业里，6% 相当于每店每天报耗约 100 元。如此计算，一个月就多报耗了 3000 元，一年就多报耗了 3.6 万元。同样以 4 家门店计算，一年就浪费了 14.4 万元。

报耗浪费的 14.4 万元，加上没做好备货损失的 43.2 万元，合计 57.6 万元。这些都是企业本应挣到的钱！然而，现在并没有挣到，这就是一种浪费。这仅是按照 4 家门店计算的损失，某企业主有几十家门店，可想而知浪费了多少钱。更别提工厂在生产过程中浪费的原料成本、水电煤气成本，裱花部因保管不善、使用不当浪费的水果、奶油等各种材料的成本。这些钱全部加起来会有多少？

某企业主告诉我,企业存在这些问题不是几个月,而是存在了好几年。几年累计下来,说不定有上千万元之巨。

第四章

关于薪酬

薪酬与职责应该是一个整体,而不是分开的两个部分。如果将它们分开,结果就是员工只看重薪酬,而不履行职责。

导读

员工对问题视而不见,为什么
如何根据应聘者的能力定工资
业绩达标奖,怎么定才合理
如何让员工站在企业的角度思考问题
薪酬问题真的会把企业带进恶性循环吗

员工对问题视而不见,为什么

企业主: 巢老师,您好!我每周都会巡店,我只要一到门店里,就能看到很多的问题。比如,货柜的灯管有好几节都不亮了,我问营业员叫人来维修了吗?营业员说给后勤部门打电话了。我再问后勤部门来人了吗?营业员说电话没人接。我追问电话没人接,不会再打?营业员不说话了。还有,产品包装都破了,居然还摆到货柜上,应该退回工厂才对。放冻点的冷柜全部都被雾蒙住了,客户从外面根本看不清冻点,为什么不马上联系供应商来解决,怪不得统计说,这几天冻点的报耗特别大。我就纳闷了,员工一天10个小时在门店里上班，他们为什么看不到这些问题呢？

巢文静：如果这是她自己开的门店，她是企业主，你觉得这些问题她看不看得到？

企业主：如果是她自己的门店，她肯定看得到。

巢文静：所以，与其说员工"看不到"，我认为更贴切的说法是"视而不见，听而不闻，心不在焉"。

我想起一个例子，石油大王洛克菲勒早年去一个自己买下的油田视察。他发现油田的管理极为混乱，漏洞百出。洛克菲勒把油田的经理叫过来一顿臭骂："这么多问题你们看不到吗？为什么我到这一天就发现这么多问题，你们天天在这为什么发现不了？"油田经理听了微微一笑，淡然回答："先生，这是您自己的油田！"

我们有多少企业主犯了和洛克菲勒一样的错误？每天对自己的员工抱怨、指责，觉得他们不把公司的事当成自己的事，天天对员工宣传"要把公司当成自己的家"。

其实，员工是否把公司当成自己的家，是否把公司的事当成自己的事，取决于企业主如何分钱，通俗地说就是发工资。可是，企业主们通常是如何给员工发工资的呢？

1. 固定工资：员工收入和企业效益一点都不挂钩。

比如，基本工资2000元 + 岗位工资500元 + 工龄工资500元 + 各种补贴500元。你能因为这个月企业效益不好，就不给员工发基本工资、岗位工资、工龄工资、各种补贴吗？不能。

固定工资模式下，一旦企业与员工谈好薪水之后，薪水就是企业欠员工的，无论员工工作结果如何。

2. 固定工资+浮动工资：员工收入和企业效益少量挂钩。

什么叫少量挂钩？就是员工收入和企业效益挂钩的部分，不到总收入的70%。比如，基本工资2000元+岗位工资500元+工龄工资500元+业绩达标奖500元。和企业效益有关的只有业绩达标奖500元，只占员工总收入3500元的14%，不足70%。

3. 共赢式加薪：员工收入和企业效益全方位挂钩。

以裱花部主管举例，其工资是销售额工资+成本工资+新品工资+××工资+……+××工资。和企业效益相关的工资，占到员工总收入的100%。员工想要加薪，就必须先提升企业效益。

工资不是福利，不是企业欠员工的，而是员工因自己的工作成果及为企业创造的效益而得到的佣金。

固定工资之下，工资是死的，员工的状态就是"死"的。固定工资+浮动工资，工资是半死不活的，员工的状态就是"半死不活"的。这两种薪酬模式都是在抹杀员工的主动性和创造性。只有共赢式加薪才能全面释放员工的活力、行动力、创造力。

企业主不懂分钱，给员工发固定工资，或者固定工资+浮动工资，公司就是企业主一个人的，企业主就得凡事亲力亲为、孤军奋战。员工下班，企业主还在公司或应酬；员工放假，企业主随时都在工作；员工拍屁股走人，企业主只能到处顶班；员工只做分内的事，企业主却要事事操心；员工要加工资，企业主可能还在贴老本……所以，企业主一定要懂得分钱，并且敢于分钱、舍得分钱。把企业浪费的钱分给员工，员工会帮你减少浪费；把企业超价值成果分给员工，员工会助你创造更大的价值。

只有在薪酬设计上，让员工成为所在部门的小企业主，把员工从"恋人"变成"妻子"，人家才肯操心你家的事！员工不好管，让他当企业主。员工当企业主，从此不用管！

如何根据应聘者的能力定工资

企业主： 巢老师，您好！有一个在其他烘焙企业做过店长的人，想来我的公司工作，我和她谈了两次，就是不知道如何给她定工资，因为我对她的能力估不准。我想请教您，在面试的时候，该如何根据应聘者的能力定工资？

巢文静： 你的企业有没有过这样的空降高管？在面试的时候口若悬河、头头是道，在大企业干过，行业经验丰富。但是，真到你企业干的时候，雷声大雨点小、自以为是、不接地气，问企业要资源、人力、经费等各种支持，但干来干去，也干不出个所以然来。

企业主：有的！那是我永远的痛！高管来了，把我原来辛苦培养起来的一批骨干都逼走了，留下一个烂摊子给我。

巢文静：这个高管把企业搞成了烂摊子，他的能力很差吗？

企业主：也不是，我觉得他还是有点能力的。

巢文静：既然能力和实际表现是不一定匹配的，那你为什么还要根据应聘者的能力定工资呢？这个问题其实无解，因为提问的出发点就是错的。

企业主：原来问题出在这里，我一直还以为是面试的问题。我做烘焙这行很久了，后面手上有点闲钱，就想去做其他事情。于是，把公司交由职业经理人打理，前前后后花了上百万元请了几个高管都不得力，这么多年辛苦积累下来的口碑、培养出来的人才都折腾没了。直到最后，财务拉响警报，我不得不重新接管企业，结果已经物是人非。说出来怕巢老师不信，那时企业缺人缺到什么程度？我早上在工厂干活，下午又要到裱花部顶班做蛋糕，晚上有时还要帮忙送蛋糕。这些事情只有我妻子知道，不敢跟其他人讲，我的企业有30家门店，还管成这样子，说出来真是太丢脸、笑死人。

巢文静：这么痛苦，怎么不改变？

企业主：想改变，怎么会不想改变？去听了很多课程，老师讲得好，但关键是我落不了地。请了一家广东的咨询公司，名气很大，收费很高，我前前后后付了60多万元的咨询费。可是他们不懂行，我光是解释"现烤面包、包装面包、常温蛋糕、生日蛋糕"这些产品的区别就花了很长时间，他们连"水吧"是什么都反应不过来。搞了半天，还是忘了解释"冷柜（冻点）"是什么？结果，在我把裱花的问题滔滔不绝地讲了一个小时之后，咨询师问我，"你们除了卖食品，还卖冰箱吗"。我哭笑不得，不懂行，真的好难沟通。还好，有个包装供应商推荐我听了您的课，我真心觉得相见恨晚。

巢文静：其实，有同样困惑、相似经历的企业主不在少数，烘焙行业的企业主多数技术出身，没有系统学习管理理论、知识，更不要说薪酬绩效这个管理大类里面的精细科目。

根据应聘者的能力定工资，薪酬设计专业名词叫能力定薪。市面上有很多老师专门讲一堂课、出版一本书，教企业如何能力定薪，这是薪酬设计领域的一大误区。

首先，人的能力因为标准不清、难以量化，就连国际最先进的人才测评系统都无法 100% 精准评价，单靠企业主招聘时这一面之缘，又如何能做到准确评估？而且，在没解决员工动力前，任何试图评价员工能力的管理行为，注定都是徒劳无功的。

有一种现象，某个在企业主眼中表现一般、能力平平的员工出去创业，结果却能在很短时间内做得风生水起。显然，在竞争如此激烈的今天，能做得如此出色的一定是有能力的人。企业主纳闷了，一个这么有能力的人，为什么在自己的企业表现却如此一般？结论只有一个：这个员工之所以在原来的企业表现一般，不是没能力，只是没动力；不是不会干，只是不想干。因此，在解决员工"动力"之前，评价员工的"能力"是毫无意义的。

有能力的人不一定有动力。但是，有动力的人一定会想方设法提升自己的能力。能力不是天生就有的，因为有动力，不断钻研、琢磨、积累，能力才能得以提升。

其次，就算能准确评估又如何？

一个人的能力强，就一定意味着他为企业创造的价值和效益多吗？未必。不少员工能力很强，但不创造、不贡献，时间智慧都花在和企业主提要求、谈条件、斗智斗勇上面了，怎么可能做出好的工作成果呢？这样的员工越有能力，企业主越头疼。

再次，企业支付员工工资，不是为了购买员工的能力、学历、经验、技术、上班时间，而是为了换取员工的工作成果和效果。

客户来烘焙店买东西，显然不会为制作付费，只会为产品付费。既然如此，企业雇员工做事情，为什么按学历、经验、能力、技术、上班时间付工资，而不是按他的工作成果、效果付工资？

买东西和招聘员工的本质是一样的，都是买卖交易。客户花钱购买产品的色香味，填饱肚子、满足味蕾；企业付工资换取员工的价值，实现业绩最大化、费用最小化。

其实，企业主根本不需要评估员工的能力并据此定薪，只需要制订科学合理的分钱规则。

面试时：与应聘者就其岗位的分钱规则进行开诚布公地交流。如此一来，有能力的人会欣然接受，想混日子的人会识趣离开。企业主不需要为谈薪水摸底试探，搞得筋疲力尽、勉为其难。

入职后：员工根据分钱规则为自己发工资。薪酬的多与少不由企业主定夺，而由自己创造，多劳多得、少劳少得、不劳不得。企业主与员工不需要为加薪讨价还价，搞得关系紧张、内耗不止。

业绩达标奖,怎么定才合理

企业主:巢老师,您好!到底怎么定业绩达标奖才合理,这个度我一直拿捏不准。定高了,员工不接受;定低了,我又觉得没意思。怎么办?

巢文静:我建议你慎重考虑这件事情。因为从这么多企业的实践效果看,业绩达标奖并不是一种科学合理的激励方式。它可以短期使用,比如推新产品时,但不能作为常规激励机制。为什么这么说?原因有四,如下所述。

第一,设置业绩达标奖会让员工与企业主的利益对立,员工永远无法站在企业主的角度思考问题。

一般来说，业绩达标奖的每月业绩目标根据淡旺季而定。但我认为这并不合理，因为不是多劳多得，而是"多劳少得、少劳多得"。

我举个例子，假设6月目标为100万元，实际完成105万元，达标了，员工能拿到奖励、提成。7月进入暑假，企业将目标定为130万元，实际只完成125万元，未达标，员工不仅不能拿到奖励，还被扣工资。

7月比6月多做了20万元的业绩，员工更累、更辛苦，甚至要加班加点，但6月有奖励、7月被扣钱。这不正是"多劳少得、少劳多得"吗？

在这样的机制下，员工恨不能淡季多一点，因为这样既容易达标，又不用那么辛苦。而企业主肯定不会这么想，企业主希望旺季越多越好。因此，员工注定无法站在企业主的角度思考问题。这不是员工的人品、格局决定的，而是薪酬绩效机制决定的。

如果薪酬绩效机制让员工与企业主的利益对立，就会出现企业主要员工拼命干、干出成果，员工只想少干多拿、不管结果；企业主想让员工把工作当事业来干，员工只想干完收工、不要加班。

如果薪酬绩效机制让员工与企业主成为利益共同体，员工自然能站在企业主的角度思考问题。因为为企业主着想就是为自己着想，为企业主赚钱就是为自己赚钱，为企业主省钱就是为自己省钱。

第二，设置业绩达标奖会恶化企业主与员工之间的关系，把简单的事复杂化。

业绩达标奖的设置初衷是希望员工冲高业绩，但在实际推行中，

第四章 关于薪酬

员工的焦点往往不是如何冲高业绩，而是如何抱团与企业主讨价还价，逼企业主把目标定低。如果企业主不能满足要求，员工要么直接抗议——争吵，要么间接抗议——消极怠工。

其实，错不在企业主与员工，因为大家都是在维护自身利益，错在传统的业绩达标奖模式。其实有更好的薪酬激励方法，既让员工全力以赴冲业绩，又不用让定目标像买菜那样讨价还价、斤斤计较，大伤和气。企业主们为何不择优而从？

第三，设置业绩达标奖让员工很难努力到最后一刻，常常视情况中途下车。

举个例子，本月业绩目标 10 万元。可是到了 25 日，业绩只完成了 6 万元，员工断定这个月就算再怎么努力，都无法达成目标，还不如放弃。反正也拿不到奖金，何必让自己这么辛苦。

第四，设置滚动式业绩目标，员工不会全力以赴，只会适可而止。

有些企业的月业绩目标是参考前 3 个月业绩完成情况而定的，专业上称为滚动式业绩目标设定法。这其实是把员工当傻瓜。

试问，如果 4 月份的业绩目标是依据 1 月、2 月、3 月的实际完成情况设定的，那么，员工在 1 月、2 月、3 月业绩达标之后，还有什么动力冲更高的业绩？更甚者会故意减少备货、不推生日蛋糕，确保业绩不会超标太多。而令我感到不解的是，滚动式业绩达标奖却是很多烘焙企业目前正在使用的员工激励机制。

综上所述，有如此多弊端的业绩达标奖，我不建议企业长期使用。因此，不存在"业绩达标奖，怎么定才合理"的问题。

如何让员工站在企业的角度思考问题

企业主：巢老师，您好！我的企业的管理者们总是只站在自己的角度思考问题。比如，有一次公司组织户外活动，征求大家的意见，A区的人想去水上乐园，B区的人想去烧烤，后来权衡利弊，选择了去烧烤。本来都已经说好了，结果A区负责人突然变卦了，说"既然公司都不在乎A区的意见，A区的人去了也没多大意思。B区对公司那么重要，B区的人去了就可以了"。作为一个管理者，不去做员工思想也罢，还带头起哄。还有上次端午节休假，我说最近比较忙，要不就少休一天。结果员工还没出声，几个管理者倒是先喊了

第四章 关于薪酬

起来,"最近那么累!那么忙!好不容易等到休息,怎么突然说少休一天"。巢老师,您听听这是一个管理者该说的话吗?如何才能让员工学会换位思考,站在企业、企业主的角度去思考问题呢?

巢文静:曾有一位江西的烘焙原料供应商和我分享了这么一件事情。

中秋节前后,公司生意好,会计经常加班加点,外加要带教新来的出纳,于是要求企业主给发中秋节补贴。企业主心想:上半年生意一般,你整天没活干,我都没少你一分钱,现在却要我给补贴。会计则想:上半年我工作轻松都能拿那么多钱,中秋节前后这么累,公司没理由不给补贴。在烘焙连锁企业同样存在这样的问题。

元旦的时候,裱花部主管找企业主要补贴,因为加班加点做蛋糕很辛苦。企业主很纳闷:第一,在蛋糕生意只有平常三分之一的时候,你每天拿着手机在裱花部里面吹空调、看电影,可工资一分不少。为什么在元旦的时候,多干一点活就要补贴?第二,今年被私房蛋糕抢走了不少市场份额,企业效益并不好。第三,你的能力一直没有提升,裱花部经常做错蛋糕,几乎每个月都被客户投诉,不扣钱就不错了,居然还敢要补贴。第四,公司规定每年全员固定调薪。现在马上就要调薪了,为什么还要提补贴的事情?

但是,裱花部主管认为:第一,闲的时候那么闲,我都能拿那么多工资,元旦这么忙,我当然应该拿得更多!第二,公司是你的,我只是打工的,企业效益不是我该考虑的事情。第三,如果你觉得我的能力不够,可以让我走。但是,你不能扣我的钱,因为公司没有事先说明,而且蛋糕是其他裱花师做错的,为什么要我承担责任?

第四，公司每年的调薪是人人都有的。但是，元旦蛋糕特别多，裱花部的员工比别的部门的员工累，因此裱花部的员工多得一点钱，也是应该的。

员工为何总是和企业主想的不一样？为何总是先为自己考虑、只为自己着想？为何总学不会换位思考？

企业主总希望员工替企业着想、以企业的大局为先，但必须给他们一个理由：员工为什么要替企业着想，这么做能得到什么好处？员工凭什么要替企业着想，那毕竟不是自己的事业。替企业着想和个人利益有什么关系？每名员工是否都清楚这么做会给自己带来的什么好处？

员工替企业着想绝对不是天经地义的，为了企业大局，而要求员工牺牲个人利益，是不可持续的。

员工为自己着想并没有错，因为这是人性。错就错在企业的薪酬机制及加薪方式，它不仅没有让员工和企业主成为利益共同体，反而成了利益的对立方。员工拿着固定工资、吃大锅饭，非但没有想企业主所想、急企业主所急，还理所当然地认为只要干够一段时间，企业主就该为自己涨薪，无法换位思考、体谅企业主的难处。那么，如何才能改变这一现状呢？

前段时间热播的电视连续剧《那年花开月正圆》，吴家独子吴聘过世多年，吴聘的母亲对儿媳妇周莹说：吴聘死后，你在神堂发誓生生世世守寡。作为婆婆，我觉得既安心也安稳。这几年朝夕相伴，如今我已把你当成亲生女儿了。作为母亲，我不想自己的女儿一辈子守寡。所以，如果遇到好的人，就改嫁吧！

第四章 关于薪酬

作为婆婆，看到媳妇能为儿子守寡，便觉心安。作为母亲，看到女儿要为丈夫守寡，便觉不忍。人的想法来自于自身处于何种利益关系，员工同样如此。所以，我常说一句话：屁股决定脑袋，利益决定想法。

屁股决定脑袋是俗语，较好懂，可利益决定思维如何理解呢？

举个例子，人们在买房之前，一定会盼星星盼月亮，盼着房子什么时候降价。一旦买了房子，就一定会希望涨价，往死里涨。同一个人，同一件事，为何有如此截然不同的想法？因为利益决定想法。其实，企业主应该都有类似的体验。曾经打工的时候，盼着放长假，长假快结束的时候还不想上班。现在自己经营企业，天天都能放假，但时时都在想着工作。

经营企业，一定要记住一句话：改变员工从"头（想法）"开始，改变想法从"薪（薪酬）"入手。

不好的薪酬机制及加薪方式，比如固定工资、业绩达标奖、直接涨薪、传统绩效考核，没有彻底打通员工与企业的利益通道，使得员工与企业主成为利益对立体，变成势不两立的敌人，这是造成员工没执行力、高管不接地气、部门相互推诿的根源。

好的薪酬机制及加薪方式，让员工与企业主成为利益共同体，两者就是同舟共济的伙伴。员工与企业同呼吸、共命运，把事情当事业来做，既能享受工作带给他的快乐和满足，又能积累能力与财富并创造非凡成就。

薪酬问题真的会把企业带进恶性循环吗

企业主：巢老师，您好！薪酬问题其实只是企业众多经营环节中的一环。我认为，相对于其他管理问题（如产品问题、销售问题等）而言，薪酬可能不是那么重要。

巢文静：薪酬确实只是企业经营的一部分，但薪酬一旦出问题，会直接造成企业招人难、留人难、管人难，而人员问题会把企业带进恶性循环。

什么是企业的恶性循环？

第四章　关于薪酬

人往高处走，水往低处流。员工对能力不一定有更高追求，但对收入一定有。当企业无法提供高收入时，那些有能力、有想法、有干劲的员工，不愿拿着低薪在企业养老，必然寻找新的平台发展。如此一来，企业必然要招人补缺。恶性循环第一环：想留的人留不住，企业被迫重新招人。

外部的合适人选对于薪酬的需求可能更高，导致企业想招的人招不到。可是，企业又需要用人，怎么办？解决方案只有一个——将就。刚走上社会、工作经验不足或者能力不突出的人薪酬要求会低一点，企业只能把他们先招进来并将就着用。恶性循环第二环：想招的人招不到，只能降低招聘要求。

一个新人要成长为熟手，需要有人带教进步才快，可谁来带教呢？薪酬设计做不好，管理层带人敷衍了事。他们心想：企业待遇不高，反正新人也待不久，何必那么辛苦带教。让老员工带新人，工作增量不增收，又有几个愿意主动帮助新人成长呢？恶性循环第三环：新人起点低、缺带教、成长慢。

新人成长不起来，熟手又不断流失，导致工厂、裱花部出现产品品质不稳定、出货不及时、生产损耗大、新产品出不来等一系列产品问题，导致门店出现店员不了解产品、卖不动蛋糕、顾不上水吧、摆不好货品、控不好报耗等一系列销售问题。恶性循环第四环：人员青黄不接，企业问题层出不穷。

企业不怕出现问题，就怕问题无法解决。然而，因为企业培养出来的人往往留不住，甚至成为竞争对手，企业花自己的钱却让别人受益，因此不愿、也不敢在培养人上多投入。企业投入少，员工成长全靠自我摸索。如此一来，企业的产品、销售问题将难以得到解决，甚至可能恶化。恶性循环第五环：人员培养投入少，企业问题持续存在。

企业问题持续存在，有可能导致客户流失。这是烘焙企业最害怕的事情。企业主们不一定害怕员工流失，但一定害怕客户流失。为了留住客户，在做促销的同时，产品还不敢提价。因为在产品跟不上的情况下，还"不离不弃"的客户，绝对不是被品质和服务吸引的，而是因为产品便宜吸引的。一旦产品提价，连便宜这唯一的吸引力都没有了，客户还会留下来吗？恶性循环第六环：害怕客户流失，产品不敢提价。

产品不敢提价，但门店租金、原料成本、员工薪资却在不停上涨。不敢提价，利润必将减少。这不只意味着企业主口袋里的钱变少，更意味着企业将没有足够的利润空间向员工提供更好的收入。恶性循环第七环：利润空间不足，无法给员工高收入。于是，又回到了第一环：想留的人留不住。接着，又到了第二环、第三环、第四环、第五环、第六环、第七环，然后再到第一环……如图4-1所示。除此之外，还会出现部门之间沟通不畅、协作不力、各自为政、相互推诿等情况。每次管理层开会，最后都会演变成几个部门的"足球赛"，把问题当成足球踢来踢去。所以，很多烘焙企业无法坚持开周例会。不是真的坚持不了，而是企业主看不到价值。

第四章 关于薪酬

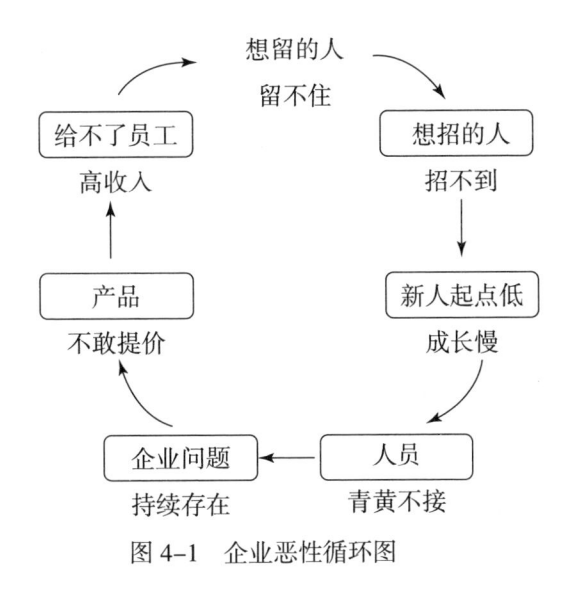

图 4-1 企业恶性循环图

但凡薪酬设计有问题的企业，必然会陷入恶性循环和问题泥潭中，饱受煎熬，最后死去。因此，我也称之为死循环。死循环是企业的癌细胞，发展快速，如不及时遏制，将蔓延全身，让企业内忧外患、虚弱无比。一旦受外力刺激，比如同地区来了竞争对手、市场逐渐饱和或资金出现缺口，企业会很快倒下。

做了10年的咨询师，我每天都在接触不同的企业和不同的企业主，死循环是我对大量企业由盛到衰、由衰到死的全过程总结，直至今日，都未发现例外。

企业想要走出死循环，远离招人难、留人难、管人难的噩梦，突破口在于分钱。只有分好钱，才能留住人，留住那些有想法、有干劲的人。但是，必须是科学合理的分。否则，会产生诸多衍生问题，分比不分更麻烦。比如，员工相互攀比、争风吃醋，闹意见、闹情绪、闹离职，企业主疲于解决这种对企业发展毫无实际价值的事情。

科学合理的分钱，彻底解决企业用人、留人的难题，就是共赢式加薪的价值和意义。不做共赢式加薪的企业，需要花更长的时间、更多的金钱，才能从死循环中挣脱出来。

薪酬之病乃企业的万恶之源。

不解决薪酬之竞争力，庸才赶不走、高手留不住，企业不只成为懒人的养老院，还会成为行业的人才培训基地。

不解决薪酬之公平性，人不患寡患不均，同工不同酬，必然引发内部争风吃醋，部门间壁垒重重。

第五章

关于加薪

低工资招不到人，又留不住人；高工资能留住人，却激励不了人；死工资招致员工不满，赶走了优秀的人。不加薪，员工士气低落，对不起干活的人；用老方法加薪，只会增加企业负担，助养懒人。

导读

员工三天两头喊加薪,怎么办(定期加薪)

工龄工资怎么设计才最合理(工龄加薪)

用晋升解决加薪的问题,可行吗(晋升加薪)

为什么奖励一个人会演变成得罪一群人(临时加薪)

企业利润薄,还怎么给员工加薪

以"能力提升就加薪"来逼员工成长,行吗

员工三天两头喊加薪，怎么办（定期加薪）

企业主：巢老师，您好！关注您的微信很久了，您说的加薪我非常认同，之前员工三天两头喊加薪，我不想在加薪这件事情上费唇舌，就定规矩，入职每半年加50元。想着员工不用再来找我、问我，反正每满半年就加50元。后来，员工嫌少，我又从50元加到100元。最近，管理层说物价涨了，员工又喊加薪了，建议从100元加到150元。这50元我不是加不起，而是就算再加上去也没什么用，没完没了，像个无底洞。怎么办？

巢文静：大多数企业主都被加薪困扰。因为不加薪就留不住人，留不住人企业就无法运转，这是一个环环相扣的问题。企业主们常用的加薪方式，我总结了 5 种，如下所述。

第一，定期加薪，每半年或一年固定涨薪一次。

第二，工龄加薪，薪资随着工龄增长。

第三，晋升加薪，用职级晋升解决加薪问题。

第四，临时加薪，企业主看到某个员工表现好或辛苦了，就会以补贴或辛苦费的形式给其加薪。

第五，离职加薪，员工提离职，企业主为挽留其而加薪。

定期加薪这种加薪模式，时效性很短。工龄加薪、晋升加薪、临时加薪、离职加薪详见本书其他章节。

正如面包、蛋糕有保质期，定期加薪也有保质期，通常在 3 个月左右。何以见得？

直接给员工加 300 元、500 元薪水，员工对薪水多了一份新鲜感，但保质期不会超过 1 个月；对工作多了一份责任感，但保质期不会超过两个月；对企业多了一份归属感，但保质期不会超过 3 个月。

3 个月之后，员工获得加薪的快乐与兴奋已经没有了，这就是我们常说的习以为常。随着时间推移，一个人对任何一件事都会慢慢习惯。好东西用久了，会习惯；坏东西用久了，也会习惯。

造成时效性短的另一个原因在于，企业无法给员工持续加薪。

很多企业主误将平均当成公平，把薪酬做成了人人有份、人人平等的福利。福利是员工做没贡献做都要给的，无法激励员工为企业创造效益。

不以"效益增长"为前提的"员工加薪"，注定无法持续，只能偶尔为之。

现在，不加薪不可能留住优秀员工；而直接给员工加薪只会牺牲企业利润，留住员工的人却留不住他的心。给员工加薪不难，难的是怎么加才能加出企业主想要的效果。

经过10年的摸索实践，我建议企业用共赢式加薪模式，不是直接加薪，而是设置科学合理的加薪规则，将薪酬从企业主给予改为员工创造。

员工用市场客户的钱、原本浪费的钱给自己加薪，既不增加企业成本，又能留住员工的人，还能留住员工的心。

工龄工资怎么设计才最合理（工龄加薪）

企业主：巢老师，您好！我想做工龄工资，只有这样才能让老员工留下来。可是，工龄工资怎么做比较好呢？我现在想的是每一年加100元，10年封顶，您看这样可以吗？

巢文静：假如有两个店长，A店长进公司两年，办事得力、有想法，分管总店；B店长进公司5年，能力平平，只能管一家小店。但是，因为B工龄比A长，所以B工资比A高，这样合理吗？

企业主：其实，之前我没考虑过这个问题，但经您这么一问，我也觉得不太合理。

第五章 关于加薪

巢文静：在我给企业设计的共赢式加薪方案中，从来没有工龄工资这个项目，因为我认为企业推行工龄工资，无异于给员工传递一个信号——企业主不在乎员工的能力，更在乎员工的资历。员工就算没功劳，只要有苦劳、够忠诚也可以获得涨薪。这样的企业通常都会出现一个怪现象——员工收入与表现成反比。

举个例子，某个员工去年月工资是 3000 元，今年因为工龄的增加，他的工资从 3000 元涨至 3200 元。原则上，工资多了 200 块钱，员工的表现应该更好。但是，收入增加了，员工的表现未必同比提升，还有可能下降。企业花了更多的钱，却买不到员工更多的积极、主动、热情。

工龄工资的本质，是一种旨在留人的变相加薪，因为是直接从成本里面掏出来的钱，没有哪个企业主愿意多掏。而那些有想法、有干劲的员工，在如今人才紧缺的市场中有很大择业空间，不会为了这点钱留下来。因此，工龄工资在实际运行中，不仅留不住能干的人，还会造成企业人工成本持续走高。随着时间推移，企业的负担将越来越重。留人却不考核人、激励人，企业必将要为这样的行为付出高昂的代价。

在共赢式加薪的理念当中：没有工龄工资，只有效益工资。企业要的是结果，而不是过程。能为企业创造效益的人，才是企业最需要的人。员工拿着工资却不能创造效益，就是在"剥削"企业。

不以苦劳论功劳。很多人觉得有了苦劳之后，就已经很对得起公司了。讲苦劳，绝对是管理上的第一浪费。苦劳是过程，功劳是结果。市场只相信结果，以结果论成败，以结果论英雄。没有功劳，苦劳就是"白劳"。

不以加班论敬业。如果以工作时长来衡量敬业精神，企业买的是员工的时间而非价值！埋头苦干、蛮干却没有好的结果，这样的"敬业"对企业毫无价值，企业需要的敬业是"数据说话、结果导向"。

不以工龄论忠诚。真正的忠诚不是倚老卖老，躺在曾经的功劳簿上停滞不前；而是忠于己、诚于人，用为企业创造效益来证明自己的价值，不负岁月磨砺，让时间流金！

用晋升解决加薪的问题，可行吗（晋升加薪）

企业主：巢老师，您好！您说的加薪我很认同。其实，我一直都面临员工找我谈加薪的问题。现在的员工都很聪明，他们不会直接提加薪，而是提离职，让我主动提加薪，然后再根据我能加多少决定是否留下来。整天处理这种事情，真的很心烦。后来，为了解决这个问题，我设定了工资等级（见表5-1）。

这样做的目的是以后员工加薪不用找我了，职位达到相应级别，工资自然会涨。推行了两年，管理层人员流失是减少了，但企业利润却下降了。为什么会出现这样的情况呢？

表 5-1　　　　　　　　　　　　　　　　　　　　　　　工资等级表

岗位	实习营业员	营业员	收银员	领班	店长助理	店长
工资	2000元	2300元	2600元	2900元	3200元	3500元
岗位	区域经理	高级区域经理	区域总监	高级区域总监	营销副总	
工资	4000元	5000元	6000元	7000元	8000元	

巢文静：假如有一个员工，已经在店长助理的岗位上做了两年，她问你能不能晋升为店长，你会怎么回答？

企业主：如果是以前，我会反问她，"你认为以你的能力能做店长吗"。结果，每次我这么问，员工都答"不能"。然后，过几天就提离职。现在为了挽留员工，我除了晋升她当店长，也没别的办法。

巢文静：安排她去新门店当店长？

企业主：不是，在老门店，因为没有开新门店。

巢文静：一个门店两个店长，有了意见分歧，营业员该听谁的？

企业主：确实出现了这样的情况，两个人当着员工和客户的面吵架。实在没办法，只能安排一个跟早班、一个跟晚班。可是效果也不好，只要下了班再有事找她们，她们会说"我已经下班了"。我觉得她们应该是班长，而不是店长。

巢文静：你现在有多少家门店？有多少名门店管理人员？

企业主：8家门店，9个店长、3个区域经理、1个总监。其实，根本用不着这么多管理者。但是，不晋升他们，这些人我就留不住。

巢文静：工资等级和行政等级相似，这是公务员模式，民营企业沿用只会自缚手脚。

根据等级定薪酬,出发点或许是好的,但在实际操作中往往会演变成:人员晋升不是企业发展的需要,而只是为了解决员工加薪的问题。最后,管理者越来越多,企业组织机构臃肿、运行效率低下,小企业做成大公司架构,盲目取大,浪费无限。

如果企业主想改变企业这一现状,我的建议有两点,如下所述。

1. 砍掉没必要的管理层,实现"企业主－主管－员工"的扁平化管理架构。加薪的问题,千万不要用晋升来解决。加薪,与其说与员工所处的岗位和层级有关,不如说与其创造的结果和效益直接相关。

2. 取消等级工资,让薪幅取代薪级,以结果为导向让薪酬自然升降。不是同岗和同级就一定要同酬的。员工只要创造出更大、更好的工作成果,就能够加薪。

这样一来,既能解决员工收入增长的问题,又不用增设管理层级,使企业避免机构臃肿,轻装上阵,充满活力。

为什么奖励一个人会演变成得罪一群人（临时加薪）

企业主：巢老师，您好！我们的中秋节月饼卖得不错，工厂有几个员工非常用心，每次我到工厂都能看到这几个员工在认真工作。我不是那种把员工付出当成理所当然的人，就让财务给这几个员工各发了300元奖金。结果，财务告诉我，工厂其他员工知道这件事情后很不舒服。我很气愤，分明是自己做得不够好，还去眼红别人，于是开会以正视听。我告诉大家，"我想给你们加1000元工资，但得看你们拿不拿得到？拿不到的要努力提升自己，而不是去嫉妒别人"。

巢文静：接下来的情况呢？

企业主：我的小孩在美国加州读书，我圣诞节去那边待了一个月。回来后，财务告诉我，上次加薪的那4个员工，因为被其他员工排挤，有两个人觉得做得不开心已经离职了，剩下那两个人日子也很不好过。加薪真是一件难事，不加会走，加了也走！

巢文静：这样的加薪，或者说叫辛苦费，我称之为临时加薪，除了有效期短、效果差的特点外，还会有副作用。

临时加薪时，企业主一般会交代员工不要告诉别人。我服务过的很多企业，企业主把某次临时加薪的情况告诉我之后，千叮万嘱不要透露。结果，我在与其他员工面谈沟通时，很多人主动提到了对此事的不满。原来，在企业主那里堪称机密的内容，其实是整个公司公开的秘密。果真，世上没有不透风的墙。

临时加薪风险极大。一方面，得到加薪的人不一定满足，如果企业主的加薪比预想的少，就会在加薪之后出现负能量，抱怨自己的付出和收入不成正比，抱怨企业主小气、没格局。另一方面，可能还会演变成奖励一个人却得罪一群人。得不到加薪的员工无法认同这一结果，认为企业主无视自己的付出、偏心偏袒，不仅消极怠工、用传播负能量来发泄自己的不满，而且还排挤得到加薪的员工，使之成为众矢之的。

给员工加薪并没有错，但绝对不能如此加。否则，无论加多少，都后患无穷。一来，不知道该加多少。多了，企业成本高；少了，员工不乐意。二来，这个月加了，没过几个月又要加，好似无底洞。

三来，给张三加了，李四有意见，难以平衡。因此，给员工加薪，哪怕是加一元钱，都一定要有众人认可的清晰标准和明确依据。

企业利润薄，还怎么给员工加薪

企业主：巢老师，您好！您说的共赢式加薪，我也很认同。可是，我觉得企业利润已经很低了，而且我给员工的工资并不低，请问在这样的情况下，还需要给员工加薪吗？我觉得当务之急不是加薪，而是维持员工工资不变，不能再上涨了。

巢文静：谈到加薪，很多企业主认为"不是自己不愿意分享，而是已经给员工很多了"。

其实，薪酬这件事儿，没有很多，只有更多。

从整个大环境看，随着经济发展，员工薪酬增长绝对是必然趋势。因此，那些抱怨员工工资增长过快、人力成本过高的企业主要明白：再讨论要不要给员工涨薪，已经没有意义了。所以，当务之急是：如何让薪酬良性的、有价值的增长？如何令薪酬成为企业与员工共赢的桥梁？

现在是加薪时代！企业如果面临业绩乏力、利润下降的难题，大部分是因招人难、留人难、管人难而起，显然这一定是薪酬竞争力出了问题。

现在，谁能帮员工主动、持续加薪，却又不因此增加企业成本负担的，就是经营企业的成功者！不给员工加薪，就是不为企业增利！员工收入越高，企业获利就越多！给员工一次次的加薪机会，给企业一个个利润增长结果！

薪酬对企业而言，不应称之为给予，而应定位为投资。通过科学合理的方式为员工加薪，是回报最高的投资，超过一切商业项目。想方设法控制或者压低员工工资的企业，采取任何提高士气的措施都是徒劳的。

以"能力提升就加薪"来逼员工成长,行吗

企业主:巢老师,您好!前不久,有个店长找我加工资,我告诉她——"你现在能力还不够,排班有时还要我来帮你。等你什么时候能力提升了,我一定给你加"。结果,过两个月她就离职了。类似的情况今年已经是第三次了,我并不是心疼钱、舍不得给员工加工资,我只是希望借此来倒逼她们主动学习、快速成长,尽快独当一面、跟上企业的发展。

巢文静:管理员工和谈恋爱追求对象是一样的道理。虽然等对

方答应之后再付出是最安全保险的，但关键是你不付出，对方有可能答应和你交往吗？

企业主说：等你能力提升了，我一定给你加工资。员工心想：能力提升这么宽泛，提升到什么程度才叫作提升？标准是什么？如何量化？如果只凭你一句话，你只要不想给我加工资，就可以说我的能力没提升，对我而言根本没保障。再说了，就算我的能力真的提升了，又能加多少工资呢……员工越想越多，最后只得出一个结论：你并不是真的想给我加工资，只是在画饼。既然如此，继续待在这家企业也没什么意思。

企业主和员工彼此在等对方做那个先付出的人。企业主在等员工进步，员工在等企业主加薪，等来等去，最终能等到什么结果？员工离职走人，重新适应新环境；企业不得不重新招人、培养人，为此投入的成本是留住这个老员工的三五倍。这是一个双输的局面。其实，做生不如做熟。如果企业有一套好的利益分配、用人留人的机制，我相信员工不会轻易离开熟悉的地方。

作为咨询师，我常听企业主说：员工做多少事，我就给多少钱。又听员工说：企业主给多少钱，我就做多少事。这个世界，到底是先有鸡，还是先有蛋？我想对企业主说，先舍先得，大舍大得，企业主不妨做那个先付出的人。

当企业主看远一些，愿意先舍，员工自然脚踏实地、努力奋斗；当企业主开始关注员工的需求与情感，员工当然体谅企业主的压力与辛劳，从此形成良性的互动。

如果企业主仍担心这种付出没有回报，可以通过搭建共赢式加薪机制，保障效果和共赢的实现，如同支付宝保障买家、卖家公平交易一样。

除此以外，我还要再一次强调两点，如下所述。

第一，能力≠价值。

等能力提升了再加工资，与能力定薪是一样的道理。员工有好的工作能力，就意味着一定能做出好的工作结果吗？那些在公司干得好的人，就一定是最有能力的人吗？未必！员工有好的工作能力，但如果他不想做、懒得做，绝对做不出好的工作成果。既然如此，为什么要根据能力给他加薪？能力只是创造价值的前提、基础，能力本身不值钱，值钱的是能力创造出来的工作成果、价值。

第二，等员工能力提升再加薪，旨在用薪酬衡量员工的能力水平。然而，这并不是薪酬真正的作用。

夫妻共同抚育孩子，衡量丈夫愿不愿意带孩子有意义吗？没有意义，衡量之后不愿意带的，还是不愿意带。有意义的是：如何激励丈夫愿意带孩子、爱上带孩子。

解决员工的"原动力"才是薪酬的真正意义所在，而这也正是薪酬激励与能力考评、绩效考核的区别。能力考评重在衡量员工能做什么事，绩效考核重在衡量员工做了多少事，薪酬激励重在激发员工做更多的事。好比对一个想要减肥的女人而言，能力考评是她的体能，绩效考核是她的体重，而薪酬激励是一件漂亮的衣服。让她下决心减肥的不是她的体能或体重，而是她要穿上这件漂亮的衣服。

薪酬真正的作用，不是衡量员工能做什么事，也不是衡量员工做了多少事，而是激发员工做更多的事。

第六章

关于人工成本

　　企业人工成本之所以高，不是因为给员工涨工资所致；而是工资涨了，但员工的价值没涨。企业请员工做事，若没有价值衡量、没有结果导向、没有按效益付费，很有可能会让员工成为企业的负担。员工越多，负担越大。

导读

企业人工成本高,是因为员工工资高吗
员工少拿钱,企业主就能多赚钱吗
为什么减员后会出现人数反弹现象
后勤增设岗位,专人做专事,这样真的有效果吗

企业人工成本高，是因为员工工资高吗

企业主：巢老师，您好！我的企业人工成本很高，是不是因为我给员工的工资高了？我该怎么做才能降低人工成本呢？

巢文静：企业人工成本高，是因为员工工资高吗？可是，在很多人工成本高的企业，员工的工资一点都不高，甚至还很低，一个营业员一个月才拿2000多元，勉强维持生活。

企业的人工成本高，不是因为员工工资高，恰恰是因为员工工资太低了。

因为工资低，企业根本不敢管员工，生怕把员工管跑。员工领了工资，却不能创造与之匹配的价值，造成了大量人效浪费，这才是企业人工成本高的真正原因。

所谓人效浪费，有两个层面的意思：1. 企业给员工发3000元的工资，但员工只做出了2000元的工作成果和价值，其中有1000元的工资被浪费掉了；2. 企业需要做10件事情，如果有好的规划和激励，只需要5个人就能够完成，现在招了10个人来做，其中有5个人工被白白浪费掉了。

我用裱花部举个例子。我服务的一家企业，裱花部每月销售额40万元，一共有10个人，人均产出4万元。推行共赢式加薪之后，裱花部的月销售额没变，但裱花部主管通过合理排班及提升员工技能，将原本的10个人减为7个人，人均产出达到6万元。这证明，这家企业的裱花师完全有能力人均月产出6万元。但是，之前只产出4万元，有2万元去哪里了？被浪费掉了，这就是人效浪费。

我常问很多企业主：你觉得企业最大的浪费是什么？

很多企业主回答：原料浪费，水电煤气浪费，门店报耗浪费。

其实，人效浪费才是企业最大的浪费。企业一边喊缺人，一边又在浪费人；很多事没人做，很多人又没事做；员工领了薪水却无法创造与之匹配的工作成果、价值。如果企业主看不到这些问题、不解决这些问题，企业将永远在浪费与内耗中挣扎！

解决人工成本高，最好的办法就是减员、增效、加薪。共赢式加薪有一项核心技术，就是"用加法做减法"。什么意思呢？从员工个体而言，薪酬做了加法。但是，从企业整体而言，却又是人工成本做了减法，因为差的员工、懒的员工都离开了，能干的员工、想干的员工都留下来了,整个团队很精干,效率很高。

企业主用两个人干了4个人的活儿,只分给员工3个人的钱。对两个员工来说,分3个人的钱就是一种加薪。对企业来说,以前要付4个人的工资,现在只需要付3个人的工资,还省了一个人的人工成本。以前4个人,4个脑袋、4张嘴,每个人有每个人的想法,你说一句、我说一句,人多嘴杂、是非多。现在,只管理两个人,当然比管4个人的时候轻松多了。况且,员工拿的工资高了,人员流失自然就减少了。所以,在这样的情况下,企业的人工成本和隐形的沟通成本、管理成本、留人成本、招聘成本、培训成本都省下来了。员工是赢家,企业更是赢家。我一直讲的共赢式加薪就是这个意思。

员工增收、企业增利,通过共赢,实现持续经营!

员工少拿钱，企业主就能多赚钱吗

企业主：巢老师，您好！现在员工的工资太高了，有没有什么方法能招到工资低一点的员工。这样的话，企业的人工成本就没那么高，利润就能多一些。

巢文静：一家企业的员工如果赚不到钱，企业主也一定赚不到钱。

为什么这么说？我用五个词来概括：低工资、低工作水平、低要求、低水准、低利润。

低工资只能招到低工作水平的人。同样，还是因为低工资，企业怕人走,便只敢提低要求。一个低工作水平的员工+企业提出低要求,只能得到工作低水准这一结果。一家低水准的企业,必然只能获取低利润,只能给员工发低工资……如此循环,如图6-1所示。这既是企业用人恶性循环,更是一家企业走下坡路的开始。

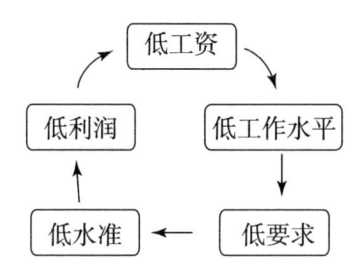

图6-1 用人留人恶性循环图

有些企业主喜欢占员工的便宜,以低薪找到人才来彰显自己的厉害之处,以不给员工缴纳社保、不和员工签合同来体现自己精明。可是,员工并不傻,不是几句打鸡血的话就能"搞定"的。现在占的便宜,未来会变成员工管不住、人才留不住。到那时,企业主就要为当初的小便宜付出惨痛的代价。这个世界上最贵的东西是从别人那里占来的便宜。

什么是企业用人良性循环呢?高工资、高工作水平、高要求、高水准、高利润。

企业能提供高工资,就可以吸引高工作水平的人才,并且敢于提出高要求。因此,企业可获得工作高水准这一结果。一家高水准的企业，必然能获取高利润，就能给员工发高工资……如此循环，如图 6-2 所示。

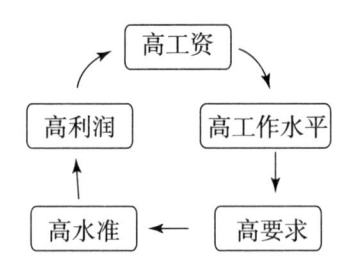

图 6-2 用人留人良性循环图

史玉柱曾说："总结下来，给员工高工资的时候，实际上成本是最低的。如果给员工高工资，在你和员工的关系中，你是主动的。如果你比前面两个竞争对手工资高一截，我坚信，一年后你回头看，你的利润是最高的，你的成本是最低的。"

关于高工资，我有 3 点看法，如下所述。

1. 企业人工成本之所以高，不是因为给员工涨工资了，而是工资涨了，但员工的价值没涨。企业请员工做事，若没有价值衡量、没有结果导向、没有按效益付费，员工很可能成为企业的负担。员工越多，负担越大。

2. 企业人工成本之所以高，不是因为给优秀的员工发了高薪，而是给不合格的员工发了高出其价值的薪水。

一家企业中，优秀员工即便拿着高薪，也是很便宜的，因为他们创造的价值远远大于他们所得到的薪资；相反，不合格员工即便拿着低薪，其代价也是非常昂贵的，因为他们工作不力给公司带来的损失往往是不可估量的。

3.我们倡导企业给员工提供高工资，但企业凭什么为员工提供高工资？不是员工的能力、工龄、经验、技术，而是企业整体的高人效，两个人想要拿3个人的工资，必须要干4个人的活儿。企业主通过搭建机制，不断提高人效是为员工提供高薪、持续加薪的基础。

为什么减员后会出现人数反弹现象

企业主：巢老师，您好！我刚刚搬了工厂，工厂人员一下子从30人增加到60人，这个人数增长太夸张了，业绩也能这么增长就好了。上个月，我实在无法忍受员工这么多，已经强行减员了。

巢文静：现在减下来了吗？

企业主：减下来了。

巢文静：有没有出现反弹的情况？

企业主：不会的，我只批准了几个必要的岗位重新招人。

巢文静：现在你的企业有多少人？

第六章　关于人工成本

企业主：您这么一问，我还真的不太清楚。

随即，企业主问自己的助理：工厂现在有多少人？

助理：70 人。

企业主：多少？70 人！当时已经减到 40 人了，就连减员之前也才 60 人，怎么现在变成 70 人了？比减员之前的人数还要多！巢老师，不好意思，刚才我没有了解数据就凭着直觉回答了您的问题。为什么减员后会出现人数反弹的情况？

巢文静：当企业主看到员工工作量不饱和，存在机构臃肿的情况，就会和部门经理等管理者沟通希望其主动减员。但是，管理者会告诉企业主很多理由，比如减员会影响产品品质、服务、效率、出货量及业绩等。

如果企业主强势减员，管理者就会讨价还价。企业主说减两个人，管理者说最多只能减一个人。就算最后人数减下来了，但根据我的经验，一般过不了多久，企业人数就会反弹，甚至还多于减员之前。因为，减员以后工厂、门店、裱花部、后勤出了任何状况，企业主问原因，管理者都会说一句话——"因为人不够"。因此，企业主不得不同意招人。而且，只要工作量一增加，还会再加人。这样一来，人数就出现了反弹。

企业减员用了错误的方法，注定得不到正确的结果。

首先，企业减员的焦点不是减少人数，而是提高人效。

因为，人数多与少是相对的。例如，一个裱花部 10 个人，如果能做 50 万元的业绩，10 个人就是合理的；如果只能做 30 万元的业绩，10 个人就是多的。

企业面临的问题不是人多，而是得不到与人数相匹配的效率和产能。通俗一点说，人数多本身并没有问题，人效低才是问题。

如果只是控人数，人数就算降下来，你仍然会发现，不合格的员工一直待在公司，管理者就是视而不见。但是，如果管控的是人效，管理者就会把能力差的、拉低团队人效的人主动清理出团队。

其次，你可能会问，之前的那套强制减员的方法是否可以不变，只要把减员改为提高人效就可以了？

同样都是提高人效，最好的方法不是企业主出台强制措施，而是将人效和管理者的收入挂钩。不是强迫、要求管理者执行，而是通过激励机制，让人效与管理者的收入从无关变有关，从而引发管理者自动自发思考："我的团队现在的人数是不是多了？我如何才能用最少的人干最多的事，干出最好的效果。"

最有效的管理方式，不是靠企业主或管理者去盯着、骂着、考核、处罚员工，而是通过构建共赢式加薪机制，让员工与企业成为利益共同体、事业共同体、命运共同体，让员工自我驱动。

后勤增设岗位，专人做专事，这样真的有效果吗

企业主：巢老师，您好！我的企业后勤部门很臃肿，责任在我。我发现管理层执行不力就招了两个助理，让他们帮我督促这些管理者做事，一个督促生产，一个督促门店；我想要提升蛋糕品质就招了一个客服人员，让她去回访蛋糕的售后情况，并且做二次销售。

我觉得招人这件事情要重视，不能再像门店少的时候那样由店长招聘，结果只要身体健康的就都能进来。应该由招聘部门专门把关，于是设了招聘专员岗。后来，我发现招聘专员能力不够，就想

是不是要有一个人来带她？于是，我就招了一个人事主管。这个人事主管告诉我，企业如果有一套完善的培训体系，新人的成长一定会更快。结果，我又招了一个培训专员。而且，大企业的人事和行政是分开的，专业人做专业事的效率才会更高，所以，我又招了一个行政专员。

行政专员不会平面设计，我们做新产品或搞活动都要作图，我又招了一个平面设计。可是，平面设计只会做设计，我的团购和网络营销怎么办呢？我又招了两个网络营销人员。后来，搬了办公室，还招了一个前台。前台说，她上厕所或外出吃饭、休息请假的时候，没人轮班，前台是空的，连电话都没人接。然后，我再招了一个前台……

结果，我在不到一年的时间里招了12个后勤人员。但是，我并没有发觉管理效果有多大提升，还越管越乱。

本来，我是希望通过增设后勤岗位，实现专人做专事，支撑企业的整个运营发展，推动企业更上一个台阶，结果却差强人意。其实，我现在很纠结，人事、行政、平面设计、网络、运营等这些后勤岗位有没有必要增设？

巢文静：规模不大的烘焙企业，所谓后勤其实就是统计、仓管、会计、司机。但是，企业发展到一定规模时，企业主就会意识到后勤部门对企业推动所起到的不可替代的作用。就像汽车行驶，涡轮增压在汽车低速行驶时作用不大，但转速一旦达到2000转左右，涡轮增压的介入就会提高发动机的进气量，让汽车更快提速、动力更强。因此，随着企业规模的扩大，后勤部门的岗位是有必要增设的。

第六章 关于人工成本

只是很多企业在后勤部门添置新岗位或增添新人时,没有给管理者及员工设置考核奖励机制,导致人浮于事、头重脚轻。因此,企业在增设岗位时,一定要注意避免人效浪费。就以你的企业为例,我们算算管控好人效浪费,一年能节省多少成本?

10件事情却招了12个人来做,但如果只需要5个人就能完成,便可节省7份工资,其中两份工资通过共赢式加薪激励这5个人把事干好,另外的5份工资就是企业的纯利润。

假设你现在每个月给员工发3500元的工资,5份工资就是17500元,一年下来就是21万元。这只是看得见的钱,还有节省下的沟通成本、培训成本、福利成本、管理成本、房租水电等隐形成本,一年至少节省30万元以上。

这5个人如何把10件事做好呢?答案是一个字:兼。

比如,你让人事主管兼做你的助理,让客服人员兼做前台等。如此一来,你还会缺人吗?你的后勤部门还会越管越乱吗?你还会为人多嘴杂、人浮于事而烦恼吗?

对于中小企业而言,技术性工作比(如平面设计)可以外包,非技术性工作不应专人专岗,而要一专多能。一件事只能有一个人负责,但一个人可以负责多件事情。企业不仅要培养人的精专,更要重视和引导人的多能!

最后,如果你用这30万元请外部专业机构做薪酬绩效、营销定位、品牌推广方面的顾问、咨询,难道不比月薪3500元的员工做得更专业吗?这才是专业人做专业事。

第七章

关于高管

　　作为高管，与其吹嘘自己的光荣史、不顾一切证明自己并向企业主许诺未来有多美好，不如尽快融入团队、熟悉业务，为企业主解决疑难问题，真正为企业创造效益。

导读

高管拿着高工资却无作为，怎么办
高管管不好，要不要找副手来帮他
给高管两万元的月薪，是不是给高了
如何摆脱对高管的依赖

高管拿着高工资却无作为，怎么办

企业主：巢老师，您好！我对我的厂长已经无语了！上班就是坐在办公室看监控，也不下工厂，甚至还跑回宿舍睡觉，工人们很看不惯他，也很不服他。拿这么高的工资，厂长还这么懒！怎么会这样？

巢文静：你是怎么给厂长发工资的？

企业主：每个月给厂长固定发8000元工资，有什么问题吗？

巢文静：打个比方，从现在开始，每个月也给你固定发8000元工资，这家企业亏多少、赚多少、有多少利润跟你半毛钱关系都没有，你还会像现在一样对企业如此上心吗？

企业主：肯定不会。哎呀，巢老师您这么一比喻我就明白了，我自己都如此，更何况是员工，拿着固定工资，旱涝保收当然没有动力！

巢文静：很多企业主认为员工执行力差。交代下去的事情企业主有跟进，员工还勉强做一做应付一下；要是企业主没跟进，事情就会石沉大海、销声匿迹。但是，我却认为这些懒人都是企业自己惯出来的。如果他明天离开企业自己创业，他一定不会这么懒。所以，他不是懒，他只是在你的企业里懒。

有些企业主对此一定不认同。他们会想：怎么会是我自己惯出来的，我一直都有严格要求。

关于员工是如何被企业养懒的，有4个真相，如下所述。

1. 所谓目标，只是口号。定出目标之后没有配套的奖罚机制。或者说有奖励，但奖励很少，员工根本没感觉；又或者奖励是团队的，员工等着吃大锅饭。而处罚以及所谓的严格要求，通常只是说说而已，很多情况下，企业主担心员工流失，根本不敢执行。

2. 所谓奖励，名不符实。因为企业主担心给了某个员工奖励，其他员工有意见，于是把奖励做成了福利，人人皆有，人人一样。或者，奖励不是人人都有，而是企业主认同的员工才有，奖励主观随意，企业主觉得谁辛苦、谁表现好，就给谁奖励。还有一种情况，奖励不是人人都有，也不是企业主认同的员工才有，而是谁都没有。企业主没有经过数据分析，想当然把目标定得很高，员工一看没戏，动都懒得动，还会私下抱怨："这哪里是奖励，根本就是企业主在画饼。"

3.所谓执行，空谈而已。很多企业主是严格要求了，会议一开就是大半天，全都是在提要求，然后呢？没有然后了。没有跟踪、检视、跟进，员工做多少算多少。

企业的执行文化只是墙上文化，做成标语挂上墙就大功告成。完全没有宣导、跟踪、检视、考核、奖励，根本不可能转化成员工的行为、习惯。

4.所谓薪酬，更像"还钱"。只要企业与员工谈好待遇，就算员工做得再不好、企业效益再不济，也要给员工发工资。其实，这不叫发工资，叫"还钱"，员工是企业的"债主"。

在以上4点中，我认为薪酬是最主要的。

因为薪酬是固定的、旱涝保收的，员工做多做少、做好做坏在薪酬上都差不多。在这样的情况下，不做、少做是员工的理性选择，做多、做好的员工反而会被别人说蠢，说在企业主面前装样子，受到众人的嘲笑与排挤。

员工的懒，是不是一定要自己创业才会改变？绝对不是。假如他到了另一家企业，这家企业有像共赢式加薪这样很好的用人留人激励考核机制，他不需要创业也会变得勤快起来。这样的例子在我服务过的企业中比比皆是。

本节一开头的企业主还提到"拿这么高的工资，还这么懒"这句话，这句话背后的意思是：拿高薪的高管就应该很勤奋、很投入。拿了高薪就一定要很努力吗？太想当然了。这就是"高薪养懒"。当企业付给员工高额的固定薪资或者底薪的时候，就一定在抹杀他的潜能、创造力、行动力。一方面，员工没主动性、没积极性。另一方面，就算领导强行安排工作、下达任务，一天盯着、管着，员工也是应付了事。只做事情不管结果，有困难不是想尽一切方法解决，而是找领导、找借口。在这种薪酬模式下，企业主成了员工的监工、保姆，每天追着员工干，最后的结果大多不太理想。因为，在没有解决利益驱动力的情况下，任何企业的行政管理手段效果都是有限的。

高管管不好,要不要找副手来帮他

企业主:巢老师,您好!我高薪聘请的高管没起到什么作用,找他谈过心,他说他是战略规划型人才,不擅长做具体的工作。在之前的企业,都是他把方案做好之后,交由下面的人来执行。而在我们这家企业,下面没有得力的人。他的言外之意是,之所以现在没起到什么大的作用,不是因为他的能力不行,而是因为手下没有得力的人配合他做事。我在想,是不是要找一个助理或副手来帮他?

巢文静:一个不称职的高管,通常有3条出路。

第一条路,申请退职,把位子让给能干的人。

第二条路，让一位能干的人来协助自己工作。

第三条路，任用水平比自己更低的人当助手。

经过思考和权衡，不称职的高管会发现：第一条路，万万走不得，那等于是"自杀"；第二条路，也不能走，因为那个能干的人会成为自己的对手，他只想给自己增加助手，而不是对手；第三条路，最适宜，即安全又舒坦。于是，这名高管一定会让两个平庸的人做他的助手、分担他的工作，他自己则高高在上发号施令。

为什么是两个助手？而不是一个？因为，两个助手之间可以相互牵制，这样控制权就能牢牢掌握在自己手里。如果只有一个助手，就可能走上第二条路。

随着工作量的增加，其中一名助手喊累，高管因担心他离开就允许他招募助手。同时，为了一碗水端平，也会同意另一名助手效仿。

两个助手也会上行下效，再为自己找两个无能的助手。如此一来，就形成了一个机构臃肿、人浮于事、相互扯皮、效率低下的领导体系。

到此，原来 1 个人的工作现在由 5 个人来承担。而实际上，高管不会比以前更有所作为，因为他要在管理这些助手和处理各种琐事上耗费更多的时间和精力。

我举个例子。企业出现问题，高管在接到企业主的指示后认为这事归 A 管，A 便写了一个草案给 B，B 修改一番后又向 C 征询意见，C 说自己手上工作多又推给 D，D 添加了几句话后又给了 F，F 再改动几处。

第七章　关于高管

就在这一来二去的过程中，企业主等来等去不见下文，不断的催促高管。高管既要不断催促下面的人加快效率，又要在企业主面前不断解释，既为手下人说好话，同时也要为自己开脱。

最后，文件交到高管手上，他删除了 D 和 F 的废话，修改了错误，抱怨了一通年轻人办事不细致，总算完成了这份文件。

类似这样的烦心事，对这位高管而言，还真不少。

A 提出休假，可不太符合休假条件，但高管后来还是不得不批了假。

B 身体不太好，安排什么工作都喊累。

C 上周提了加薪的想法，如果给 C 加了，其他人会不会有意见？

D 和 F 关系很不好，如何才能让他们和睦相处？

…………

企业主向高管要成绩，高管便诉说自己的工作如何如何忙。只是，他是真忙？还是瞎忙？看似做了很多事情，实则四处救急、碌碌无为、成效低下。因此，高管无能，企业主不应招人来帮他，而应该请他离开。

如果一个高管能力卓越，自然不必寻找助手，因为企业每个人都愿为他所用；如果一个高管因能力不足而找助手，既然能力不足，他一定无法发挥与职务相匹配的价值，企业留他何用？

最可怕的不是高管领高工资，而是领高工资却低价值。在数据量化及利益驱动的情况下仍无法带领部门增效的高管，即是低价值。企业主只有敢于淘汰无能者，做到能者上、平者让、庸者下，才能使企业人才生态链从死水变成活水。同时，对无能者的仁慈，就是对能者的残忍。

李开复曾说："在我工作过的3个大公司——苹果、微软、谷歌，都推崇一句话——一流的人雇一流人才、二流的人雇三流人才。如果企业的核心管理层不是一流人才，他们将更喜欢雇佣一些自己管得住的人。这些人并不只是经验比自己差，而是样样都不如自己，非常听话，但往往就会把公司搞砸。"

无能的高管喜欢重用不如自己的人，这样不用担心被下属超越和取代，优秀的人晋升无望只能离开，企业永远走不出人才荒的泥潭。所以，当有企业主问我"要不要给没为企业创造价值的高管招个助手"时，我会反问他："你的企业有没有底线？"

给高管两万元的月薪，是不是给高了

企业主：巢老师，您好！我有个高管月薪两万元。我想问问您，这个工资是不是给高了？

巢文静：评估这个工资是不是给高了，不能只看工资本身，还应该看这位高管带来了什么？

给他两万元的月薪，如果他创造了100万元的价值，你一定不会认为这两万元工资给高了。如果他只创造了1000元的价值，就算你只给他发3000元的工资，你也一定觉得工资给高了，不划算。

给员工发工资与投资做生意一样，除了看投入还要看产出。

企业主：巢老师，我的这个高管怎么说呢，没什么责任感。上周刚刚调完薪，紧接着周末连着搞店庆，我千交代万交代，一定要做好计划安排。结果，我周日下午到门店一看，差点气死！冻点下午3点就卖完了，门口促销台上也是空的，我问营业员怎么没冻点了？营业员说卖光了。我问怎么不让裱花部再出货呢！营业员说我们每天都有备货的。我又问今天备的货明天才会到，你今天下午卖什么？营业员不出声。我又问店长在哪里？营业员说请假了。于是，我就打电话给这个高管，问他为什么批准店长请假？搞活动怎么能允许店长请假！高管说店长说有急事，不能不批，但自己已经交代过店长要安排好工作。我说你交代了，但你自己下来跟进了吗？搞活动这么大的事情，店长不在，你也不在！高管说他今天调休，所以没有来。

我很生气！这个高管一点责任感都没有，也没有大局观，组织协调能力也差。我听店长说他说话生硬、不会沟通，下面的人累死累活也没句暖心的话。这个高管，我是真不想再要了。

巢文静：这个高管来多久了？

企业主：半年。

巢文静：这半年时间，他为你的企业效益带来了什么改变？

企业主：效益？没算过。

巢文静：没有效益作为依据，你如何评价他这半年的贡献？

企业主们常说要找对的人，对的人固然重要，但是何为对？对的标准是什么？是来自企业主的个人感觉吗？

评价一个高管，不能用形容词，比如"一点责任感都没有，也

第七章 关于高管

没有大局观,组织协调能力也差。我听店长说他说话生硬、不会沟通"之类的话,而应该用数据和效益。

高管的表现如何,不是源于企业主的个人感觉和主观评价,而应来自清晰的数据。说到这点,有一位企业主说他评价高管也是用数据,比如每周巡店两次、下工厂1次、开例会1次及每月读书1本、写工作总结1篇。听罢,我哭笑不得。

其实,只有数据还不够。数据后面还有一个关键要素——效益。企业要生存,必须讲效益,没有持续增长的效益,既谈不上稳健发展,也不可能有源源不断的钱拿来分给员工。

进入烘焙这个行业以来,我听过很多关于空降高管的故事,其中只有少部分是临危受命、力挽狂澜使企业涅槃重生的传奇;绝大部分,不是救企业于水火之中,而是推企业进水火之中的企业主心酸血泪史。对于这种情况,我有三则谏言分享给读者。

致高管:

公司请你来是为了解决问题,而不是制造问题。如果你只能发现问题而不能解决问题,你本人就是一个问题。

作为企业高管,与其吹嘘自己的光荣史、不顾一切证明自己并向企业主许诺未来有多美好,不如尽快融入团队、熟悉业务,为企业主解决疑难问题,真正为企业创造效益。

致企业:

总是指望空降高管扭转乾坤的企业,就好像自身没有造血功能、完全依靠输血的病人一样，这样的企业走不远、做不大。其实，在引进"外脑"的同时，进行人才梯队建设同样重要。不要因迷信远方的大师，而放弃身边的人才。因此，企业要敢于让解决问题的人高升，让抱怨问题的人让位，让制造问题的人下课。搭建共赢式加薪系统机制就是把市场竞争法则引入企业内部，形成"能者上、平者让、庸者下"的竞争格局，营造高绩效导向的企业文化。

致企业主：

企业一切问题根源在于企业主，当你控诉高管不是利器，而是祸水，批判高管如何无能、只会索取时，请你反思以下两个问题。你觉得高管爱找借口，证明你总是在给高管找借口的机会；你觉得高管不负责任、不为企业着想，证明你的利益分配做得很差，须知"利出一孔，才能力出一孔"。

一个拿着高薪不作为、计较利益推脱责任的高管，罪不在他，罪在企业。谁让企业发的是死工资呢？这个高管，说白了只是展示了人性中自私的一面。一个拿着工资混日子、追求安逸拒绝改变的员工，也不值得批判，他只是展示了人性中真实的一面。

一个拿着低工资、却尽职尽责努力奋斗的员工，就一定是企业的福音吗？我认为，不一定。通常，越不计较眼前利益的人越有企图心，因为想得远，所以看得开。这样的员工会以最快速度成长，然后离开。而且，这样的员工就算有，也只是少数，一家100人的企业最多有两三个这样的员工。企业整体前进和发展应该是大多数人的事，而不能指望少数人。

第七章　关于高管

天使和魔鬼都是人的本性。我们无法改变人性，我们能做到的是通过构建科学合理的系统机制让员工人性的不同方面展现在对的地方，用魔鬼般的状态去冲业绩，用天使般的心态去待人处事。

如何摆脱对高管的依赖

企业主：巢老师，您好！感谢原料商的推荐让我有机会认识您。我从一家大型企业出来创业，当时手下有一个小伙子特别勤快，我就让他出来跟我一起干，这个小伙子不但勤快还很聪明，学习能力特别强，什么东西都是一教就会。后来，我把工厂交给他管，他管得也很好。然后，我又把裱花交部给他管，他也同样胜任。过了一年之后，我升他为总经理，每年给他10%的利润分红，他同样把企业做得有声有色。那个时候，同行们特别羡慕我可以当甩手掌柜。

今年年初，这个小伙子找我谈，想要股份。我认为这也没问题，

第七章 关于高管

但他提出要 40% 的股份，等于是我把企业的一半给他，这我就不同意了。他很聪明，以退为进，请假 1 个月，让我重新接管企业，自己跑去丽江旅游了。结果，虽然管理层都知道我是企业主，但却没有人把我放在眼里，我指挥谁都指挥不动，他安排的事情我根本插不进手。因为他这个人情商很高，特别善于笼络人心，现在的这批中层管理者全部都是他一手培养起来的。

最近，这个小伙子告诉我，他改变主意了，没有 50% 的股份就马上走人。我担心：只要他一走，这些人就会跟着走，企业会变成一座空城。他真的有这个本事！

后来，我也想通了，50% 就 50% 吧，这么多年都没有插手企业的事情，清闲惯了，不想管了。

巢文静：这是一个关于能人的典型案例。

所有人都知道，一份事业的前景不管多好，最终都要靠团队来完成。因此，一家企业最重要的资源是人，特别是能人。但是，最难驾驭的恰恰也是能人。正所谓"成也萧何，败也萧何"。企业发展壮大不能只靠能人，更要靠吸引、留住、打造、复制能人的系统机制。否则，企业无法发展扩张，企业主反被能人制约。

当企业主觉得企业离不开某个能人时，恭喜你，说明你的企业已将这位能人的潜力释放最大化了；同时，我也提醒你，你的企业离衰败不远了。

小企业变成大企业，本质是从能人管理走向机制管理。何为机制管理？一句话，企业少了谁都照样运转。企业主要清楚关于机制的 5 个真相：①不是员工不给力，只是机制没有杀伤力；②不是员工没激情，而是公司落后的机制让员工变得很矫情；③不是员工喜欢跳槽，而是机制太糟；④伟大的系统机制让平凡的人变得伟大，糟糕的系统机制让伟大的人变得平凡；⑤不是好人有好报，而是好报造就好人。

关于制度，有一个很经典的例子——分粥的故事。

有一群穷人住在一起，每天共分一大桶粥。悲剧的是，粥每天都不够吃。

刚开始，他们决定抓阄，赢的人来分粥。结果，运气好的人连续几天都是饱的，运气差的人天天饥肠辘辘。运气差的人不开心了，觉得这不公平。于是，他们决定通过投票选出品德最好的一个人来分粥，让他尽量把每一碗都分得平均。然而，这位品德好的人因为没有制度的约束，变得贪心起来，每次都给自己和巴结讨好他的人分得最多，给他看不惯的人分得最少。换成另一个人，结果还是一样。大家这才明白：在权力面前，道德毫无约束作用。

一个聪明的人提议，大家应该再选出一名监督人士来监督分粥的人。刚开始的效果还挺好。过了几天，分粥人和监督人居然沆瀣一气，两人合伙"贪"了不少的粥。于是乎，大家决定重新制订一个制度——成立分粥委员会及监督委员会，完善权力运行监督与制约机制。这下子，公平是公平了，可监督委员会和分粥委员会总是互相扯皮攻击，等讨论结果出来，粥都凉了。因为效率太低，这个方案也被否决了。

最后，经过多次讨论，他们决定不再由固定的人分粥，每人轮流一天分粥；而且，分粥的人要等别人挑完了粥才能拿剩下的最后一碗。奇妙的是，这一次，每人每天分的粥基本上平均了。

原来，为了不让自己拿的那碗粥是最少的一碗，分粥的人必须尽量分得平均。

这就是制度的力量。

企业主最重要的工作就是搭建一个像"轮流分粥，分者后取"那样科学合理的系统机制。如此，员工才能八仙过海、各显神通，企业方能稳中求进、自动运行。

第八章

关于留人

企业最大的问题不是招不到人,而是留不住人。连现有的人都留不住,你又如何吸引到新人?企业越是留不住人,就越是招不到人。只有减少员工流失,才能从根本上解决招人难的问题。

导读

对员工那么好,为什么他却还要走

人员流动频繁,企业主四处顶班,怎么解

员工一培养出来就走,企业如何留人

以储备人才来解决人员流失的做法有效吗

有让员工不计较当下收益的办法吗

对员工那么好,为什么他却还要走

企业主:巢老师,您好!裱花部主管是我一手带出来的,他曾经在广东做小生意,赔得血本无归,我就让他到我的企业做裱花师,一干便是5年。春节后刚上班不久,他要求加薪1000元,加还是不加?加,其他员工会不会也来找我?大家都加,公司可承受不起。如果不加,我又担心他万一真的走了怎么办?裱花部本来就缺人手。权衡再三,讨价还价之后,我告诉他只能为他加500元。从我的角度来说,其他人都没加薪,身为企业主的自己拿到手的充其量只能算是生活费,何况因为市场竞争激烈,企业去年的业绩还下滑了。

在这样的情况下，我都愿意给他每个月加 500 元，一年算来下就加了 6000 元，他应该懂得感恩、好好干活。

巢文静：裱花部主管真的会感恩你吗？不会的。因为他心里会这样想，每天累死累活，才赚这么些钱，什么时候才能买房、买车呢？家里老人每个月都要给钱，最近还想要生二胎，又要花不少钱，还不如去广东干！也许他还会想，自己裱花技术很棒，妻子可以管门店，出来单干应该也没问题。要求加薪 1000 元，已经很少了，结果抠门的企业主才加了 500 元，还不如不加……

企业主：您分析的真对。在加工资后 3 个月内，他的状态还不错，用心做点事。可"五一"前他又提出辞职，称南宁有家饼店愿意付 6000 元的月薪请他。他觉得挺对不起公司的，作为补偿，他会等过完"母亲节"再走。我很纳闷，在业绩下滑的情况下，我都愿意给你加工资，我都对你这么好了，为什么你却执意要走？为什么如此不懂感恩！巢老师，怎么样才能让员工感恩企业呢？

巢文静：你为什么一定要强求员工感恩企业呢？

企业主强调员工感恩，背后是另一种想法，曾经的你什么都不懂，是我培养了你，给了你学习成长的平台和机会，所以你要感恩、感激我。

企业培养员工并不是无偿的，而是以员工工作为前提的等价交换。员工在得到学习成长的同时，也为企业付出了时间、努力、青春。既然如此，企业又何苦站在道德的制高点，用虚无缥缈的忠诚来"绑架"员工？

企业主在企业经营并不乐观的情况下还给裱花部主管加工资，

第八章 关于留人

已经尽了自己最大的努力来满足裱花部主管的需求。但是，裱花部主管有自己的家庭，上有老下有小，正是什么地方都需要用钱的时候。人往高处走，良禽择木而栖，选择收入更高的工作，就像企业主把不赚钱的店关掉，到一个更好的位置开新店一样，乃人之本性。

企业主与其怨天尤人、纠结苦恼，不如顺势而为、泰然处之，公司感谢员工努力创造价值，员工感谢公司提供优越报酬。这样一来，没有人对公司感激涕零，也没有人叫嚣公司不公。

企业主与员工放弃感恩心态，彼此用实际行动致谢才是最好的状态。正如，不要用兄弟情谊来追求共同利益，一定要用共同利益追求兄弟情谊。

人员流动频繁，企业主四处顶班，怎么解

企业主：巢老师，您好！就在昨天发过工资之后，今天就有5个员工不来了。打电话不接、发短信不回，想问问他们是因为什么原因不来了？毕竟在我的企业也干了半年多了，怎么说走就走了呢？微信刚刚发出，收到的回复居然是"消息已发出，但被对方拒收了"。原来，员工已经把我"拉黑"了。潇洒的员工，挥一挥衣袖不带走一片云彩。

我的企业人员流动频繁，去年过春节甚至因为缺工严重的原因，我无奈只能让3家门店关门歇业，集中人手去支持其他店铺正常营

第八章 关于留人

业。现在又快过春节了，心都是慌的。

说来无奈，新办公室装修，从缅甸购买了一套十几万元的红木沙发、茶桌，当时想的是可以在办公室看看书、喝喝茶。结果，现在都已经装修好一年了，除了客户、朋友过来的时候来办公室坐坐，其他时间我都在到处顶班，四处救急。除了要跑单位业务和负责采购以外，工厂、统计、采购、收银、裱花、送货，哪里缺人我就去哪里！一年里，在办公室的时间加起来还不到一个月！

就连去上海参加两天烘焙行业展销会，企业也会乱成一锅粥。原料没了也不说、差数也不核对、豆浆变质了也没发现，客户直接找到了媒体和食药监局……企业不要说一周，一天都不能没有我。有钱没时间花，钱赚来又有什么意义？

巢文静：很多企业主为什么那么忙、那么累？问题出在以下4个方面。

1. 不愿分钱：不愿意给员工加工资、做激励，还想方设法东减西扣，省了人力成本，丢掉了人才、机会和市场。

2. 不愿分权：家长制一言堂，管理层无权无责，更无担当，出了问题只能企业主自己承担。

3. 不愿育人：害怕把人才培养好了，赔了投入还损失了人才。人才跟不上，企业主永远只能自己干。

4. 不愿放手：对员工各种不信任，任人唯亲，只信自己和亲人。

企业主如何才能从繁忙、劳累中解脱出来？我的建议是，抓住核心关键事务。企业主不忙碎的，只忙对的。

20世纪全球最伟大的CEO之一杰克·韦尔奇，在掌管通用电气的 20 年的时间里，主要完成了两件大事：第一，精简机构、垂直管理，减少管理人员数量；第二，不断改进奖励制度。给员工吃草，只能迎来一群羊；给员工吃肉，才能迎来一群狼。

企业主最重要的不是亲力亲为赚钱，而是学会并敢于分钱。如果只想赚几十万元，企业主自己努力就可以了。如果想要赚几百万元，要让员工与你一起努力。企业主一定要搞清楚自己的角色，绝对不是跑上跑下、忙于赚钱；而是负责制订好分钱的规则，让所有人都像你一样为这家企业操心。

企业主最重要的事情不是天天四处救急，而是通过搭建科学有效的激励机制来管理企业。小企业靠人治，大企业靠机制。小企业过度依赖企业主，决策靠企业主拍板，指令靠企业主下达，行动靠企业主指挥，检查靠企业主记忆，奖罚靠企业主心情；下属看企业主脸色行事，企业主在时效率高，企业主不在时效率低。

企业主事情一多就要找能人分担，这么一来又会导致能人太忙太累，自然要提出更多待遇方面的要求。如果企业主无法满足，能人一走，企业立马萎靡不振。

如果企业缺乏有效的激励机制，吃大锅饭、平均主义，自然死气沉沉。

员工一培养出来就走，企业如何留人

企业主：巢老师，您好！裱花部总是留不住人，裱花师一培养出来就走。上个月，裱花部还有6个人，这个月初走了一个，月中又有一个领了工资直接消失了；还有一个老员工已经提了两次离职，我再三挽留，之前约出去吃了顿小龙虾，好说歹说才同意再留一段时间。前几天招到一个裱花师，中专刚毕业，从来没有做过裱花，要从零教起。

"六一"儿童节快到了，刚刚收到裱花部主管发来的一条微信，说他想和我聊聊，他家里人想让他回家发展……回想起以前一个跟了我7年的店长离职时用的就是这样的开场白，我心里咯噔一下。外人看我风光无限，但实际上我心力交瘁。

巢老师，员工总说工作时间长、不停喊累，您觉得这是员工离职的真正原因吗？我该如何解决留人的问题呢？

巢文静：关于你的问题，我有两个观点与你分享。

第一，员工不是怕工作苦，而是怕工作苦、钱还少。

员工离职的原因无外乎钱少、事多、心累。其中，钱少的因素占70%以上。只要企业主能给员工在别处无法获得的收益，就不需要担心员工翅膀硬了会飞走，没有人会和自己过不去的。

企业主既然想留人，就要用有效的方法留人。

很多时候，员工不是怕工作苦，而是怕工作苦、钱还少。高薪是留住人才的第一要素。当员工的工资高于同城、同行业20%的时候，员工就不会把心思放在换工作上了；当员工的工资高于同城、同行业50%的时候，员工就会因害怕失去工作而全力以赴！

我常问一些企业主："你想留住人才，那你舍得为人才买单吗？"

第二，人不是企业的核心竞争力，能快速培养与留住人的机制才是核心竞争力。

员工是社会人，不是公司人，更不是公司的财产。所有的员工都将是离职员工，不要总指望着员工会跟随你一辈子，他只是阶段性成为你的员工而已。

企业主想要从留人难的困境中解脱，就必须建立有效的留人机制。从指望员工不要离开，转向发力建设企业的标准化、规范化、系统化。人可能是要走的，但方法、标准、流程、规范等，这些东西却可以留下来。

对任何一家企业而言，必须要关注人、重视人、聚焦人、经营人，但并不等于依赖人。人不是企业的核心竞争力，能快速培养与留住人的机制才是核心竞争力。

以储备人才来解决人员流失的做法有效果吗

企业主：巢老师，您好！我的企业人员流失非常严重，已经到了无人可用的地步。尤其是裱花师，流动更是频繁。为了解决裱花师流动频繁的问题，我打算多招5个人做储备人员，万一裱花师离职还有人可以顶上，不至于让企业陷入被动。您觉得这样做会有效果吗？

巢文静：你这个想法很有意思，想解决裱花师流动频繁的问题，不是思考如何留住眼前人，而是把时间精力花在找"备胎"上。你的本意是有了储备人才，就可以摆脱对现有裱花师的依赖，但却忽略了一点——企业不做薪酬改革，现有裱花师在没有考核与激励的情况下，他们会自动自发、劳心劳力地带教新人吗？更何况，员工并不傻，他们多少会猜到这些人是准备来替换自己的。在这样的情况下，谁还愿意带教徒弟，做教会徒弟饿死师傅的事情吗？如此，新人自然成长不起来、无法独当一面，储备又有何用？现有裱花师一旦离职，企业仍会陷入被动。

企业主的管理思维常会进入以下4个误区。

1. 裱花师离职以致企业陷入被动，是因为储备人员不够！
2. 门店业绩上不去，是因为没有足够的人去销售！
3. 成本数据每个月都不准，是因为统计人手不够！
4. 蛋糕配送经常被客户投诉不及时、忘记配碟叉、服务态度差，是因为司机人数不够多。如果能多招两个司机，配送的问题就能够得到解决了。

我认为以上错误的解决问题的方向，只会让问题更加恶化。

第一，试图以多储备人员来解决留人问题，势必造成组织臃肿、人浮于事，两个人的活儿却要四五个人来做，人均产出必然处于低位，人均收入肯定不高，好比一块饼分的人多了，每个人分到的那份肯定会少。这么做，只会让那些有能力的人更快离开企业。

第二，不重视留人问题，认为只要招到人顶缺就可以了，结果往往事与愿违。因为，企业越是留不住人，就越是招不到人。连现有的人都留不住，你又如何吸引到新人？企业最大的问题不是招不到人，而是留不住人。只有减少员工流失，才能从根本上解决招人难的问题。

其实，只要企业主搭建好科学有效的薪酬机制，根本不怕员工走。因为有多劳多得的薪酬机制，在职的员工会争着分担离职员工留下来的工作；而且，在高收入的驱使下不断会有优秀的新鲜"血液"加入。这样的情况下，任何一个员工离职，损失最大的不是企业，而是他自己。企业主也不必怕员工会偷懒。因为不管你在不在企业，他们都不是为你打工，而是为自己创业！企业主更不必怕员工收入高。因为员工收入越高，证明他为你创造的价值越大，你的收益就越高。

有让员工不计较当下收益的办法吗

企业主：巢老师，您好！我之前向一个员工承诺满一年就加薪。上个月，这个员工找我兑现。经过再三考虑，我告诉他，"现在企业效益不好，暂时不能给你加工资了，我们一起奋斗，将来我一定不会亏待你"。结果，员工没有吭声，我以为他同意了。后来，其他员工告诉我，他回宿舍后就上了招聘网站投简历。巢老师，您有没有什么办法，既不用给员工涨薪，又能让员工不抵触、不反感、不离职？

巢文静：在我看来，你这句话等同于"有没有什么办法，既不用花钱,又能吃香喝辣、开好车、住豪宅"。至于答案,我相信你知道的。只与员工谈理想、谈未来,不与员工谈工资的企业主都是"耍流氓"。

什么是员工之耻?计较利益时有理有据,承担责任时推三阻四。在公司多年却没把心交给公司,没能成为企业主的左膀右臂。既想加薪,又追求安逸的工作状态,拒接改变。

什么是企业主之耻?画饼时有高度、有远见,发钱时没格局、欠胸怀。带团队多年,手下员工很多,但真心想跟随企业发展的很少。而且,走的都是优秀员工,剩下的都是不思进取、浑噩度日的人。既想进步,又不愿花钱,还死要面子。

很多企业主常寄希望于用情感的维系和未来的规划弥补眼前利益的短板。其实,企业主同员工讲感情是天经地义的,因为在一起工作时间长了多少都会积累起一定的感情,但这必须建立在以下3个前提的基础上。

第一,如果没有经济基础,企业主与员工的感情极其脆弱,无法接受人性与利益的考验。企业主构建了平台,员工提供支持平台发展的能力与努力,通过合作创造了经济效益,然后将企业收益转变为员工的收入。如果员工不能贡献高的价值,企业主肯定不愿意支付高的薪酬,甚至会裁减这个岗位或人员。如果员工得不到自己相对理想的收入,就会考虑离职另谋高就。

第二,利益与情感的关系,本质上是对人性的尊重。企业主都喜欢有价值的员工,员工则喜欢给他机会和高收入的企业主,这就是价值交换的根本。有句俗话说得好:没有永远的朋友,只有永远

第八章 关于留人

的利益。为了共同的利益，可以化敌为友；也可以因为"分赃不均"而兄弟反目。

第三，企业主要摆正心态，不要指望员工只付出、不索取，因为企业主也不是慈善家！

利益归利益，感情归感情，事情归事情，不要混在一起，谈钱不伤感情，不谈钱反而容易伤感情。所以，利益要透明、公平，感情要清澈、沉淀。不要因为有了感情，而忽视建立科学先进的利益机制。也不要眼里只有利益，而输掉灵魂、情感、原则和底线。

第九章

关于绩效考核

　　企业推行绩效考核，花了很多人力、物力和财力，但企业利润和员工收入没有双增长，成本浪费和人员流失没有双下降。这样的绩效考核就是在浪费企业的金钱与机遇。

导读

绩效管理推行一年,如何评估效果

绩效考核效果不好,是否应该用企业文化弥补

企业做绩效考核,为何员工不感冒

拿全部工资与企业效益挂钩,员工能同意吗

如何杜绝管理者做"老好人"

绩效管理推行一年，如何评估效果

企业主：巢老师，您好！我之前去了某知名培训老师那里学习系统的绩效管理并在我的企业导入了，目前已有一年时间。总体来说，还是有效果的，只是比较有限，我觉得绩效管理的作用也就这么大了。

巢文静：绩效管理"有"和"好"是完全不同的两个概念。好比开店，开一家店和开一家很赚钱的店是两回事。从你的只言片语中，我推测你的企业的绩效管理还有很大的提升空间。

很多企业推行绩效管理，感觉效果有限，将矛头直指绩效管理，而不去辩证：到底是绩效管理效果有限，还是本企业的绩效管理效果有限？

衡量一家企业的绩效管理，有没有实现应有的效果，看看有没有达到以下这些数据就知道了。

1. 人均收入增长20%~30%。为什么"人均收入"是衡量效果的第一项指标？因为人均收入不保持增长，不增长到一定幅度，根本招不到人、留不住人，人才瓶颈将是企业发展最大的障碍。

2. 工资费用率不上涨。如果员工的收入增长来源于成本增加，势必加重企业负担，这种加薪是失败的、不可持续的。只有员工收入增长的同时，工资费用率不上涨，才意味着加薪不是从企业主口袋掏出来的，而是向市场和浪费要来的。

3. 利润增长30%以上。如果企业推行绩效管理，搞了很多管理制度、标准和流程，花了很多人力、物力和财力，但结果是：一年后，企业利润和员工收入没有双增长，成本浪费和人员流失没有双下降。这样的绩效管理就是在浪费企业的金钱与机遇。

绩效考核效果不好，是否应该用企业文化弥补

企业主：巢老师，您好！久仰大名。我从外地慕名而来向您请教。我的企业做过KPI、BSC、360度考核，效果都不好。和我一起去上绩效培训的同学，现在都特别爱谈企业文化，我是不是也要做企业文化系统落地，以此弥补绩效考核的效果不足？

巢文静：有不少企业在推行绩效考核一段时间后，特别喜欢谈企业文化。有部分企业是因为物质基础打好了，开始转向精神层面的提升。但是，更多的企业是因为物质基础做不好，只能用精神层面的提升弥补物质基础的匮乏。为何如此说？

企业推行落后的绩效考核模式，使员工处于被动局面——目标由上级下达，打分由上级进行，结果由上级评价，奖罚由上级主导。员工变成"绩效奴隶"，工资被扣无处话凄凉，自然会采取消极怠工、出工不出力等"无声抵抗"的行动。但是，有能力的员工往往想法更多，被压迫的局面会迫使他们向外找寻出路，也就是跳槽——带着资源、客户、下属到企业的竞争对手那里。如果本行业的创业门槛低，就干脆出去自己办企业。

对于此情此景，企业主如何想？

企业主的第一直觉通常是：这个员工太没良心了，我这么信任他、培养他，他却在背后"捅我一刀"。我也要反省：在企业不能只谈工作，还要谈良心。于是，开始在企业里大谈感恩和忠诚。

做咨询多年，我发现一个现象——越是认为自己绩效考核做得好的企业，可能做得越不好。而这样的企业特别喜欢大谈特谈企业文化，一会儿"家文化"、一会儿"狼性文化"。但事实上，能达到企业主预期的效果吗？很难。因为企业文化必须要沉淀，别指望一年半载形成什么文化。没有五年十年，小苗长不成参天大树。

因此，对于大多数民营企业而言，当务之急是不断优化、升华绩效管理机制，使之效果最大化。

企业做绩效考核，为何员工不感冒

企业主：巢老师，您好！我一年前就让人事主管做过绩效考核，当时主要是想考核生产主管的原料成本管控，但并没有效果，他好像对此并不感冒。公司期望生产主管做的，与他实际做的有很大偏差。怎么会这样？

巢文静：生产主管月薪多少？

企业主：5000元。

巢文静：绩效工资是多少？

企业主：500元。

巢文静：500元只占5000元工资的10%。难怪生产主管不重视，这是典型的"责任大，利益小"。

关于原料成本管控，至少要做好十几项重要工作，才能真正把浪费减少、成本管好。可是，一个拿着 5000 元月薪的生产主管，只有 500 元的工资和这一工作结果关联，干好了没有奖励，干不好就算 500 元扣完，也还有 4500 元，不痛不痒。他一算投入产出比划不来，当然不感冒。

你们的生产主管有没有说过"500 元拿去，我不要了，别来烦我"之类的话。

该企业的人事主管惊讶：巢老师，您怎么知道的！他平常就是这么和我说的！每个月发工资那几天，是我最抓狂的时候！

巢文静：要让员工具有成本意识，除了将企业成本与员工收入挂钩之外，挂钩的比例也非常重要。否则，仍然是只有企业主关心成本。

员工呢？有一部分人在做利润；有一部分人在吃利润；还有一部分人毫无成本概念，在不经意间倒掉利润。比如，不按标准配料导致产品品质问题不断，不按流程加工导致产品报废整批扔掉，等等。这样的企业成本管理能好到哪里去？利润能高到哪里去？所以，在我担任数十家企业管理顾问并为他们提供咨询指导时研究发现，员工收入与企业效益的关系应该从"少量挂钩"走向"合为一体"。否则，员工必然会只看重收入，而无视企业效益。

之前，你尝试通过绩效考核让员工具有成本意识，我认为方向是对的，但为什么没效果？一个重要的原因是——企业成本与员工收入挂钩比例太小。就好比吃药，不是药吃错了，而是药量不够，药效根本出不来。

拿全部工资与企业效益挂钩，员工能同意吗

　　企业主：巢老师，您好！在我的企业里，高管从工资中拿10%做考核，中层从工资中拿20%做考核，基层员工从工资中拿30%做考核。您说过10%～30%的挂钩比例都太小了，那么多少才合适呢？

　　巢文静：无论是职业经理人、高管、中层，还是基层员工，至少都要拿出80%的工资与工作结果、企业效益做全方位挂钩。

　　企业主：现在拿10%出来做绩效考核，员工都怨声载道、以走相逼。如果拿80%的话，我的员工岂不是要走光？

　　巢文静：你别着急，我们来分析分析。员工之所以怨声载道、以

走相逼的真正原因是什么？是抵触把一部分工资拿出来做考核，还是抵触绩效考核"提高要求、多罚少奖"，工资既得不到保障，既得利益又会受到影响？

企业主：我觉得两个都是。

巢文静：我换个问法，如果员工拿10%的工资出来考核，是有机会得到更多奖励的，你觉得员工还会抵触吗？

企业主：肯定不会。如果拿出的越多收益越多，他们还会问我能不能拿20%出来。

巢文静：这就对了。员工真正抵触的不是把工资拿出来做绩效考核，而是绩效考核不是分钱只是扣钱，没有动力只有压力。

有很多企业主认为，只要先将员工工资上调一部分，再开始做绩效考核，就算扣钱，扣的也是上调的那部分，而不是员工原有的工资，那应该就没问题了。其实不然，这样的模式一开始就注定了失败的结局。一方面，虽然工资上调了一次，可之后每个月都要扣钱，让员工如何从内心接受；另一方面，员工不会认为上调的那部分工资是企业的，他会认为那就是自己的钱，谁愿意让自己的钱任人宰割？所以，一切不以加薪为目的的绩效考核，必将走向失败。

因此，我开创的这套模式既是薪酬激励模式，又包含绩效考核的全部内容，却不叫"××绩效模式"，而叫共赢式加薪——以"为员工加薪"作为出发点，但不是简单粗暴的"加"，而是有明确要求和标准的"加"。不是从企业主的口袋里掏钱，而是共同向市场和浪费要钱。让员工加薪的同时，更让企业主增利。员工加薪越多，企业主赚得越多。

如何杜绝管理者做"老好人"

企业主：巢老师，您好！我的企业在实施绩效评分制度，我们将员工的敬业度、执行力、沟通能力、责任心、企业价值观等作为评分项目，由上级逐一打分，再将这个分数与员工的收入挂钩。几个月下来后，我发现行不通。主管们都给员工打8分（10分满分），这分明就是敷衍了事。这个绩效评分制度要如何优化，才能真正产生作用呢？

巢文静：绩效评分其实不宜成为员工的激励考核方式。原因有二，如下所述。

第一，上级主观评分，员工很难心服口服。

很多推行KPI绩效评分的企业，都会存在一种普遍现象：部门主管给某位员工评6分，但员工坚持认为自己做得很好，应该得高分，埋怨上级给自己评了低分。

绩效评分往往是以主管个人评价为导向的，带有强烈的主观因素。比如说，就"责任心"这个指标，员工认为自己坚守岗位，按时完成分内的工作，理应拿到8分。但是，上级却认为这位员工虽然完成了本职工作，但还有很大的提升空间，没有达到上级的期望，因此评了6分。

绩效评分带有评估人的主观意识，缺乏客观、可量化的数据标准，无法让员工心服口服，外加涉及员工的个人利益，必然会引发员工的强烈不满。

对此，很多企业会选择做员工的思想工作，迫使对方接受这个分数；或者给不接受的员工扣上心态不好的帽子；又或者把矛头指向评估标准，花大量的时间和精力不断细化相关规则。但是，这样是无法解决根本问题的，凡是违背了人性的绩效管理永远不可能获得成功。

第二，主管做"老好人"，评分失去意义。

很多主管看到员工如此不满，又生怕员工离职，于是便出现了"无论员工表现如何都给员工打8分"的现象。

一位主管曾经与我分享，她在打分时候，基于某位下属的工作表现，以及对其个人成长负责，给出了6分的评价，并在绩效面谈中具体指出了有待改善的地方。当时，这位下属并没有说什么，可

第九章　关于绩效考核

从此以后，不管她在会议上说什么，这位下属都要唱反调，安排下去的工作也总以各种理由推托。但是，同样的事情，换了别人出面，这位下属就相当地配合。

管理层和下级抬头不见低头见，评低分得罪下属，怕伤了和气，怕下属流失，更何况这件事情和自己的切身利益没多大关系，做好人好过做坏人。如此一来，员工的评分将与企业的经营状况严重脱节。企业效益不佳，但员工的评分还能维持在高位。如果员工的表现真如评分所示，那么企业的效益应该节节高才对。

很多中小型民营企业，寄希望于不断完善管控机制解决主管做老好人的问题，出台类似口头或者书面警告、罚款、降级、降薪、开除等这类负激励制度，能洋洋洒洒写出很多页纸；用"棍棒之下出孝子"的思想使主管对绩效考核又怕又恨。其实，越是这样的企业，越是催生老好人的沃土。

举个例子。有一家食品加工企业，为了让主管做不成"老好人"，从9月1日开始在绩效评分的基础上增加强制分布，规定只有20%的员工可以评9～10分，另外必须要有10%的员工评分在5分以下。然而，上有政策下有对策。9月2日，就有主管给员工开会，宣布部门内部采用轮流坐庄法。什么叫轮流坐庄法呢？

这个月，A得10分、B得8分、C得5分。

下个月，C得10分、A得8分、B得5分。

下下个月，B得10分、C得8分、B得5分。

每月以此类推，依次循环。

人事部知道这件事情后，找这位主管谈话，这位主管很直白地说：

"我不想员工闹事，只有利益面前人人平等，他们才没有理由闹事。"

绩效评分要求企业有极其良好的绩效文化基础，而绩效文化又很考验管理层的素质。但是，大多数企业无法满足这样的要求，管理层无法达到这样的层次。

对此，我有3点建议，如下所述。

第一，勿将绩效评分与绩效考核混为一谈。

绩效考核和绩效评分本就不是一家人。

绩效考核直指企业经营，考核内容应与企业效益100%挂钩，应该使用量化性指标，比如营业收入、报耗率、成本率等。

绩效评估只是对员工的素质、胜任力、综合表现和个人成长进行评价，通常运用于企业的组织发展、个人训练、职业规划，不应与员工收入直接挂钩。可以用评估性指标，比如敬业精神、组织能力、沟通能力等。

这么一来，当员工听到绩效评估的结果时，内心想的不再是"主管又在为难我、扣我的钱、影响我的职业发展、减少我的福利"，而是"主管为我指出问题，让我懂得短板在哪里、了解哪些能力需要提高，无论分数高低，都是在帮助我成长"。

第二，数据说话、结果导向。

什么是数据说话？上到企业发展规划，下至员工表现评价，不依赖企业主的感觉，而依靠清晰的数据。什么是结果导向？工厂、门店、裱花部等各个部门一切工作成果以客户买单、市场认可为准。

我们一定要明白，真正影响员工收入的不应该是上级的主观评价，而是他做出的工作结果与为企业创造的经济效益。唯有结果和效益，能直接、公正、客观的衡量员工究竟该拿多少钱。

第三，利益关联，不让管理者置身事外。

很多企业主为管理问题头疼不已，抱怨"管理者当老好人，员工是懒人、废人"。这其实毫无意义，关键是作为企业主的你，有没有从根本上解决"管理者为什么要做好人，员工为什么要努力"的问题。很多看似管理、用人的问题，本质上都是机制的问题。

什么机制？让管理者、员工与企业成为利益共同体的机制。试问，如果管理层收入与企业效益紧密关联，还会有那么多管理者做老好人并无底线地容忍手下那些闲人、懒人吗？

举个例子。有一位企业主抱怨，某位部门经理没有责任感，就算知道员工在上班时间上网玩游戏、"刷微博"，也从不过问，还整天说人手不够、忙不过来。后来，这家企业导入共赢式加薪，这位部门经理干的第一件事情就是清退掉之前那些游手好闲的员工。

若一家企业没有实现员工与企业主的利益趋同，那么，真正对企业负责任的只有企业主一个人。只有当员工的收入与经营成果建立紧密关系，员工才能变成奋斗者、思考者、经营者。

第十章
关于企业薪酬改革

如果你抽不出时间创造想要的生活,那意味着你要花费更多时间来应付不想要的日子。如果你因舍不得金钱将企业改革推到明年、后年,那意味着你要付出更大代价来维持不改变的今年、明年。

导读

一步到位直接做股权改革，可以吗
等人员稳定了再导入共赢式加薪是否可行
薪酬改革要花不少钱，这笔钱该不该花
薪酬改革从新员工开始，可以吗
等赚到钱之后再谈分钱，行吗

一步到位直接做股权改革，可以吗

企业主：巢老师，您好！企业不做薪酬改革，一步到位直接做股权改革，可以吗？

巢文静：企业做股权改革，常常遇到以下这两种问题。

给员工股份却不收钱，等于白送。把股权硬生生做成福利，员工就算没有创造价值，企业盈利就算比之前少，员工依旧可以得到分红。也许第一年、第二年还有点感觉，久而久之，员工就会认为是自己应得的。

收了钱才给员工股份。企业主认为员工拿了股、分了红，该出更多的力、该懂感恩，而员工却认为股份是自己真金白银买的，分红乃是投资回报，与工作无关。既然是投资回报，为什么要出更多的力？为什么要感恩？

股权改革折腾来折腾去，落下一场空，还留下无穷后患，根本原因在于跳过最基本的薪酬改革，直接做股权改革。

一方面，薪酬改革旨在让员工成为经营者，股权改革旨在让员工成为所有者。可是，员工如果连经营者都不是，如何做所有者？

另一方面，不做薪酬改革，员工吃大锅饭，企业效益必然不佳。一家效益不佳、分红无望的企业，员工会稀罕企业的股份吗？

再者，跳过薪酬改革，企业必然难以衡量每一个员工的贡献价值。既然无法衡量，便只能依据投入资金、配股比例来分红，就算员工躺着也能拿到分红，股权改革的意义在哪里？

这样的股权改革不但不可能成功，还可能引起股东之间相互攀比。就好像我多年前服务过的一家企业。三兄弟合伙开超市，5年后发展到二十多家连锁店。但是，三兄弟能力参差不齐，老三是公司总经理，能力最强、贡献最大，企业基本上都靠他撑着。可是，到了年底，他也只有三分之一的分红，他觉得太不公平。最终，三兄弟分了家。兄弟尚且如此，更何况是毫无血缘关系的员工？到头来，那些真正为企业创造效益的人与那些坐等收成的人的收益都是一样的，创造效益的人一定会觉得不公平。如此一来，人事风波、人员动荡是迟早的事情。

中国有句古话：人不患寡患不均。这句话是什么意思呢？相对于多与少而言，大家更在意公不公平。有两个小孩的家庭，应该能

第十章　关于企业薪酬改革

更真切的体会其中的意思。哥哥和弟弟都没有玩具，大家相安无事。但是，如果妈妈只给弟弟买了玩具，没给哥哥买。那么，接下来的情景估计是两兄弟打架了。

说来很巧，以前就有位企业主远道而来与我交流。他讲述公司创办之初，股东以感情和义气去处理相互关系，利益分配机制和股权虽然有但很模糊。企业逐渐做大，利益也很惹眼，于是"排座次、分金银、论荣辱"，股东之间剑拔弩张、内耗不止。

股权改革要考虑的事情及可能承担的风险，远比薪酬改革多得多。下面，我择要列举一下。

欲做不能：对于业绩不理想，甚至亏损的企业，员工愿意投资入股，与企业一起"上刀山、下火海"吗？

坐享其成：对于效益好、分红高的企业，员工又容易躺在股权上睡觉，股权改革反而让团队丧失战斗力。

管理失控：会不会出现员工做了股东，认为考勤只是员工的事情，股东、企业主不需要考勤，想来公司就来，想不来就不来呢？

决策迟缓：让员工做了股东，他们会不会凡事插一嘴、"刷刷"存在感，让企业的决策效率变慢？曾有一些企业主想导入共赢式加薪，无奈股东另有所想，他们觉得与其投入资金做薪酬改革，不如把钱留到年底多分红。结果，原本落后于自己的竞争对手先做了改革，奋起直追，弯道超车，实现逆袭。

左右为难：员工做股东拿分红，自然会过问企业的盈利状况。企业公开账务，企业主乐意吗？不公开，又会因财务不透明引起股东猜疑。

引起纠纷：万一退出机制、内部分配、资金管理、股东关系等因素在股权改革之初没有考虑周全，有没有可能会引起法律纠纷及诉讼呢？

信任危机：烘焙企业虽然现金流充足，但需要持续投入，如新开门店、翻新门店、买设备、搬工厂等。这意味着企业即便盈利，股东仍然有可能拿不到分红。这样的投入不是一年、两年，而是持续的、长期的，股东会没有意见吗？

其实，股权改革我是极力赞成的。但是，我认为次序有先后。薪酬改革、股权改革，其实都是分钱的方式方法，薪酬改革分的是当下的钱，股权改革分的是未来的钱。

千里之行始于足下，每一步都要从当下走向未来，连当下的钱都分不好的企业，分未来的钱只会让暴风雨来得更快、更猛烈一些。

等人员稳定了再导入共赢式加薪是否可行

企业主：巢老师，您好！我也想导入共赢式加薪。但是，我最近刚搬了工厂，人员不到位，在岗的人又不稳定，没有人怎么导入？导入后，万一人又走了也是白做。而且，现在这帮员工心态差、能力差。员工心态差，就算导入共赢式加薪，我估计也不会改变；能力差，就算给激励，他也拿不到！所以，我想等团队人员稳定了及员工的心态改善了、能力提升了，再导入共赢式加薪，您看是否可行？

巢文静：首先，如果你的企业不导入共赢式加薪，也可以实现员工流失少及其心态好、能力强的目的，那为什么还要导入？这就好比吃饱了饭才有力气做饭的逻辑。这个逻辑是不是反了？

很多企业主希望企业发展上一个台阶，他们一般会想到两种方式——扩容工厂、升级门店。上次我去的一家企业有10家门店，但工厂却是按50家门店的产能来设计的。企业主说这是为了长远打算。

很多企业主会进入两个管理误区：第一，无限重视生产的产能，却忽视人的潜能；第二，为遥不可及的未来操心，却觉得当下的人员问题无关大局。

如果你想等搬好工厂后再做薪酬改革。那么，你要有心理准备了。以前，前店后厂，你在门店走动走动，所有人和物尽收眼底，你是最尽职尽责的人工摄像头，没有员工敢在你眼皮底下偷懒。但是，现在搬了工厂，工厂距离门店说不定还有一段距离，你再也无法像以前一样把企业牢牢掌控在你的视线范围之内。山高皇帝远，你会发现：管得了工厂，门店又出问题；管得了门店，工厂又出问题。你在哪里，哪里就秩序井然，但你不在的地方呢？总是出乱子，问题层出不穷。

当你首尾不能相顾时，企业会因此错失多少机会、得罪多少客户、造成多少浪费，这是你无法估算的。而这一切都是因为你只扩容了工厂、升级了门店，却忽视了薪酬机制也需要同步升级。

扩容工厂、升级门店而不做匹配的薪酬改革，硬件上去了，软件没跟上，有什么意义？

不要等"扩容工厂、升级门店"后再做薪酬改革，这是本末倒置的做法。不如将薪酬改革与之同步进行，内外兼修、相得益彰。只有通过薪酬激励充分调动员工的积极性，才能尽快收回扩容工厂、

第十章 关于企业薪酬改革

升级门店投入的大笔资金。

也不要等"人员到岗"后再做薪酬改革,这是主次不分的做法。不如筑巢引凤。只有先解决了薪酬问题,才能更快吸引更优秀、更合适的人加入企业。

更不是等"人员稳定了、心态改善了、能力提升了"后再做薪酬改革,这是让企业停下来等候。不如赶紧推行薪酬变革。只有让优秀的人富起来,才能让想干的人留下来、普通的人动起来、落后的人慌起来。

薪酬改革要花不少钱，这笔钱该不该花

企业主：巢老师，您好！我想做薪酬改革，自己给企业做改革吧，我在这方面不专业，不想拿自己的企业练手、试错；找外部专业机构做薪酬改革吧，我打听了很多家，基本都要三五十万元，这不是一笔小数目，这钱值得花吗？

巢文静：什么钱该花？什么钱不该花？

小时候，大人总是告诫我们——"该花的钱要花，不该花的不要花"，但很少有人告诉我们如何衡量什么是"该花的钱"、什么是"不该花的钱"。

长大后，我们开始经营企业，却依然不知道什么钱该花、什么钱不该花，我们依然重复着小时候的模式。

几年前，我服务一家企业，在调研之后告诉该企业的企业主：你的企业浪费很大。

该企业主斩钉截铁地说：不可能，公司每一分钱都是经我之手，我每天想得最多的就是削减成本，能不花的钱尽量不花，你难道有本事让我们的工人不要工资白干活？

我笑着告诉他：我降低成本的方法和你不一样，你是省钱，我是花钱。有时候，有些钱舍不得花，反而导致成本更高。

该企业主不相信，连忙追问：怎么可能，花钱还能降低成本？

我说：我给你就仓库举例。你的企业为了节约仓库成本，做了两件事。

第一，不租大仓库。大仓库一年租金10万元，太贵了。租了5个分散在不同地方的小仓库，每个小仓库一年租金1万元，5个加起来才5万元，瞬间省了5万元。

第二，不招有经验的仓库管理员。一个有经验的仓库管理员一年的工资至少要6万元。你请自己的岳父做仓库管理员，一年只需要花3万元，又节省了3万元。

结果，出现了什么问题？

第一，仓库多，一个仓库管理员管不过来，请多个仓库管理员不合适。员工可以随意进仓库取货，仓库犹如员工自家后院，难免有中饱私囊的行为。曾有一位员工透露：另一位员工家中食用的鸡蛋和食用油全部都是从仓库拿的，一拿便是3年。

第二，仓库分散，无法月月盘点。一方面，无法得知每月原料成本实际用量，因此无法通过考核来管控工厂、裱花部在原料使用过程中的浪费；另一方面，因为没有月月盘点，很多原料在仓库过了保质期都不知道。

第三，仓库管理员是你的岳父，即便仓库长期混乱不堪，也没人敢有意见。而且你的岳父对仓库管理并不熟，经常出现漏补货的现象。有员工反馈：有一款爆品在门店每天能卖4000元的货，结果因为原料未及时采购，导致停产了足足1个月，12万元因此损失。还有一次，之前缺货的原料到位了，但由于忘记和门店、工厂反馈，导致门店一直不备货、工厂一直不生产，整整5万元的原料屯在仓库直至发霉，一次也没用过。

我和该企业主算了笔账，不租大仓库和请岳父当仓库管理员一年省了8万元。但是，员工顺手牵羊、工厂和裱花部的浪费、原料在仓库过期、产品停产待料等因素导致的损失的额度加起来一年竟有30万元之巨，着实是捡了芝麻、丢了西瓜。

推行薪酬改革可能需要投入三五十万元；但如果不改革，所带来的人才外流、业绩停滞、报耗失控、成本上升、利润下降等一年给企业带来的损失，何止几十万元？

很多时候，省钱的结果往往是花更多钱。企业主会花钱，才会赚钱。

薪酬改革从新员工开始，可以吗

企业主：巢老师，您好！我身边好几家企业都推行了共赢式加薪，效果都很好，我想马上在企业导入。但是，我的企业有几个"老油条"，他们不是那么容易被改变的。所以，这次推行共赢式加薪能不能绕过老员工、经理、主管，从新员工开始？他们思维还没固化、斗志还未磨灭、陋习尚未养成，比较容易改变。

巢文静：企业这么做，新员工会怎么想？如果新员工问你，"你说这个机制这么好，为什么绕过经理、主管、老员工"，你打算怎么回答？

企业主：我还真没考虑过这个问题。

巢文静：其实和你有一样想法的人，不在少数。很多企业主会向我们提出，薪酬改革能不能先从基层员工开始？他们之所以提出这样的建议，原因有三：老员工思想固化，是难啃的硬骨头；基层员工离职几个不要紧，但管理层离职损失就大了；基层员工如果能做好本职工作，效益也会提升，管理者在其中的作用并没有想象中那么大。这么做有什么危害呢？

第一。如果管理层不能成为基层员工的榜样，基层员工就看不到希望，只能被动参与改革。强扭的瓜不甜。

管理层是企业的中流砥柱，比基层员工更具能力和爆发力。只有从管理层开始从上而下变革，共赢式加薪机制才有可能做出成效。

第二，硬骨头是硬，不是傻，没有人会放过对自己有利的事情。共赢式加薪抓住一个核心——为员工增加收入，但又不增加企业成本。只有和钱过不去的员工才会拒绝。

第三，兵熊熊一个，将熊熊一窝。管理者是企业主与基层员工之间的纽带和桥梁，在改革的整个过程中发挥着既创造价值又实现动态平衡的作用，绝对不是可有可无。下面，我通过一个案例来给大家深入剖析一下。

有一个企业主自己做了一个实验，他打电话给公司离职超过3个月以上比较优秀的一批员工，以朋友的身份很真诚地请教一个问题："当初你离开公司的真正原因是什么？"

该企业主意外地发现80%以上的离职员工说："当初我离开公司

第十章　关于企业薪酬改革

的真正原因不是辞职报告上写的什么家庭原因、个人原因，那都是借口。真实原因是，第一工资低；第二我和上司合不来，不是他看我不顺眼，就是我看他不顺眼。"

在管理过程当中，70%的明星员工都是被平庸的经理折磨走的，千里马常有而伯乐不常有。对一个员工、一个团队最大的影响，往往来自于这个团队的领导，这个人才是决定团队状态的核心要素。

在企业里面，很多员工在工作的过程中会提出各种各样的意见，比如，"我们这边任务太重了，加班太多了，补贴不够啊，为什么一定要这样做……"这时候，谁会第一时间来处理？就是员工的直接领导，他的一句话就能解决所有问题。假如这个领导当时没有处理好问题的话，这个团队的士气、战斗力都会迅速下降。

团队合作中，人与人之间会有各种摩擦，谁能第一时间化解矛盾？

员工有情绪和抱怨时，谁能第一时间疏导？

员工有意见时，会第一时间向谁提出来？

员工有好的改善建议时，会第一时间告诉谁？

员工出现错误时，谁能第一时间发现并处理？

员工心态有问题时，谁能第一时间发现并帮其疏导？

员工违规时，谁能第一时间发现并制止？

管理者、管理者，还是管理者。

企业主永远都是最后一个知道坏消息的人。当一件事情反映到企业主这里来处理的时候，往往已经闹得不可开交、难以收场了。

管理者做好了，整个团队就能够做起来；如果管理者出了问题，只调整员工，效果不会太明显。

　　发挥员工的优势，给员工相应的、匹配的环境；同时，能够做催化剂，促进员工发挥出应有的价值，这才是一个好的、优秀的领导会做的事情。同样地，当员工持续取得好成绩，企业主应该知道：他背后一定有一个默默付出的好上级、好领导。

　　因此，我认为，共赢式加薪乃至企业任何一项改革，跳过管理层和老员工，从基层和新员工开始，是绝对行不通的！

　　企业改革要的就是由上至下、逆水行舟，挑软柿子来捏只是一场欺软怕硬的"秀"，而不是真正的改革！

等赚到钱之后再谈分钱，行吗

企业主：巢老师，您好！您总是谈分钱，可是现在我的企业都还没有盈利，说白了我都没赚到钱，还谈什么分钱？

巢文静：企业主的传统思维是先赚钱后分钱。自己都没赚到钱，拿什么钱来分？这个时候谈分钱有什么意义？但是，我的想法恰恰相反，钱，应该是先分后赚。

不先谈好分钱规则，员工缺动力、团队没状态，企业主又怎能赚到钱？所以，应该先谈好分钱规则，只有把钱分得科学合理，团队成员才会有动力，企业主才能赚到更多的钱。

分钱与赚钱的关系，就好像投资学习，不是没钱还怎么投资学习，而是因为没钱才更要投资学习。关于这点，有一段对话很精彩。

"我没时间学习。"

"正是因为你没时间，你才更要学习，你的生命还要耗在企业里多少年？"

"我没钱学习。"

"正是因为你没钱，你才更要学习，紧巴巴的日子你还想过多少年？"

"我怕上当。"

"正是因为怕上当，你才更要学习，不走出去长长见识，你以后怎么判断哪是机遇、哪是陷阱？"

不是企业成本高、利润薄，就不用思考与员工分钱；而是企业成本越高、利润越薄，就越要思考如何与员工分钱。因为钱会越分越有。

企业主越不敢分钱、分权，员工越不愿承担风险责任。这样的企业，人才积累不下来，发展遭遇瓶颈，企业主赚不到更多的钱。员工拿着微薄的薪水，也没有办法成长，无法实现自己的价值和理想。因此，企业主要把利益摆在桌面上，分配越有力，员工越有劲。利益这个东西，越清晰越好。每次咨询师请我审核方案，我都会问他们："在你的共赢式加薪方案中，员工干活时能不能听见钱的响声？"

分钱的关键不仅在于企业主愿不愿意分，更在于如何分，这是一门技术活儿。分钱应分为三大阶段，遵循三大准则。

三大阶段简述如下。

第一阶段，分当下价值：工资、奖金、提成、补贴、福利。解决做多少、拿多少的问题。

第二阶段，分剩余价值：年终奖、干股、分红。解决做更多、拿更多的问题。

第三阶段，分未来价值：合伙人、实股、期权、长期福利。解决做得久、拿得久的问题。

三大准则简述如下。

第一准则，价值变现。企业支付工资购买员工的是显性价值，而非能力、经验、资历、忠诚这些隐性价值。

第二准则，效果付费。有效果比有道理更重要，结果比过程更有意义。既然客户是根据企业产品、服务的效果付费，企业还有什么理由为员工的过程、时间发钱。

第三准则，利他共赢。员工既想要高薪，又想要安逸；企业主既想赚大钱，又想省人工。与其在矛盾中纠结，不如面对时势与市场的现实，携手共赢前行。

企业最大的问题是人的问题，人最大的问题是钱的问题。钱的问题解决了，人就没什么大问题了。企业要实现利益最大化，就要先实现员工的价值最大化。让员工多拿，企业才能多赚。把钱分出去，把心留下来，把力激发出来。因此，企业主必须要懂得一手收钱、一手分钱的道理。财聚人散，财散人聚。

第十一章
关于共赢式加薪

共赢式加薪让员工与企业成为利益共同体，实现了员工自我驱动、企业自动运转的管理目的。共赢式加薪，斥资数百万元，耗时 5 年研发，经过我及 27 位专业咨询师的精雕细琢，凝聚 10 年企业管理实践精华。

导读

共赢式加薪是什么

共赢式加薪，何为共赢

共赢式加薪与 KPI、BSC、360 度考核有何区别

共赢式加薪与传统考核评分有何区别

共赢式加薪与阿米巴有何区别

共赢式加薪只在门店导入，可以吗

共赢式加薪只在管理层导入，可以吗

共赢式加薪不在后勤岗位导入，可以吗

共赢式加薪导入的九大步骤

设计共赢式加薪方案前需要了解的 65 个问题

共赢式加薪实践案例：门店效果

共赢式加薪实践案例：裱花部效果

共赢式加薪实践案例：工厂效果

某次行业研讨会上的共赢式加薪实践案例分享

共赢式加薪是什么

共赢式加薪，是一套创新实用的薪酬绩效系统机制，共有八大核心。八位一体，密不可分，环环相扣。

打造加薪机制——激发员工热情
运用数据管理——保证奖罚分明
清晰部门分工——避免扯皮推诿
细化岗位职责——实现人才复制
规范表格模板——统一作业标准
优化操作流程——提升员工效率
搭建留人体系——留住优秀骨干
重塑共赢文化——改善全员心态

共赢式加薪之所以风靡国内民营企业界，是因其将企业经营的八大关键指标与员工收入全方位挂钩，把原本笼统的岗位职责转化为清晰的收入指标，使员工与企业成为真正的利益共同体。

从此，员工将企业的目标当成自己的目标，从应付了事为企业或领导工作，转化为全力以赴为自己工作；从认为公司是企业主一个人的，转化为公司是大家的；从只愿做分内之事，转化为做好分内事的同时还争着做分外之事。

共赢式加薪，遵从人性趋利避害的特点，通过利益驱动激发人的欲望、强化人的意愿、挖掘人的潜能、消除人的恐惧、转变人的心态。因此，推行了共赢式加薪的企业，通常会有4种改变情形。

1. 所有人都关注企业效益，都关心客户需求。

2. 成本费用得到控制，人人都在节约不必要的开支，都在为利润最大化尽心尽力。

3. 所有人都自动自发的工作，因为不是为领导、为企业工作，而是为自己工作。

4. 所有部门不再扯皮推诿，而是共同把企业做强、做大。

在这个时代，企业要想员工努力做事，光喊口号、打鸡血是没有用的。顺应人性、经营人心、顺势而为才是上上策。

通过构建共赢式加薪机制，让员工与企业成为利益共同体、事业共同体、命运共同体，让员工自我驱动，这才是最有效的管理方式。

共赢式加薪，何为共赢

一、员工赢

共赢式加薪，不同于"干多干少、干好干坏工资都一样"的固定工资模式，而是以"为员工增加收入，为企业增长利润"为方向，让员工彻底摆脱死工资的束缚，真正实现多劳多得、少劳少得、不劳不得。

共赢式加薪，不同于"企业提出要求，达不到就扣工资"的绩效考核方式，不是企业单边强压目标、任务，而是在加压力的同时加激励、加动力。多数员工抗拒、抵触绩效考核，但对共赢式加薪却乐于接受。

共赢式加薪，不同于"以工龄、能力为依据，直接给员工涨工资"的固定加薪方式，不是加工资，而是加激励。加工资，员工总觉得自己拿得不够；加激励，员工会觉得是自己努力不够。加工资，员工压力小，改进就少；加激励，员工压力大，改进就多。加工资，动力在企业；加激励，动力在员工。

在共赢式加薪系统中，员工的收入不是企业给的，而是通过提高企业效益（提高企业效益包含业绩提升、成本下降、人才复制、优化流程、品质提升、投诉减少等）而得到的加薪。

二、企业赢

以前，企业主看到员工工资上涨，心里就发慌，因为原料涨、铺租涨、人工也涨，唯独业绩不涨，收入、成本两头挤，利润像纸一样薄！现在，同样是员工工资上涨，企业主心里却乐开了花，因为员工收入越高，企业效益越好。

以前，企业主听到员工忽然说有事找，便开始忐忑不安，担心员工是来提离职的。以前，自己的企业快成了行业的培训基地了。现在，企业主无须担心人员流失，因为企业薪酬有优势、员工收入有盼头、事业有奔头，谁也不愿挪窝了。

企业导入共赢式加薪后，员工因自身利益与企业效益全方位挂钩,自然产生"企业效益越高,个人收入越高"的想法。于是,集中精力提高业绩、降低成本、培养下属等这些原来员工管理中的难题有了正确答案,部门协作中的扯皮、生产过程中的浪费等各种内耗自然消失。

共赢式加薪,消除了员工只关注自身收入,却极少关注企业效益的巨大弊端,使员工设身处地为企业着想,真正实现一群人、一条心经营一家企业。从此,企业主不用在鸡毛蒜皮的小事中浪费大量时间,终于可以全身心投入到企业战略布局、顶层设计等核心工作当中。

共赢式加薪与 KPI、BSC、360 度考核有何区别

曾有一位企业主从外地慕名而来向我求教：KPI、BSC、360 度考核、共赢式加薪等，哪一种薪酬绩效模式更好？

我认为，任何一种模式没有好与坏之分，只有适不适合的区别。绩效模式的选择往往是劳资双方博弈的结果。

10 年以前，劳动力供应很充足，企业一直占据着用人的优势地位。对员工而言，就算自己的工资得不到保障，也不敢将抵触、抗拒的情绪表现出来，因为工作不好找，只好忍气吞声。对企业主而言，员工爱干不干，不干走人，反正外面大把人给自己选。在这样

第十一章 关于共赢式加薪

的劳资关系背景下，企业选择 KPI、BSC、360 度考核中的任何一种都没问题。

如今，人口红利逐渐消失，企业用人荒、招人难，劳动者反而可以精挑细选工作。劳资关系和 10 年前相比，已经发生了翻天覆地的变化。

员工觉得企业主提的要求不合理、损害了自己的利益，或者干得不开心，就消极怠工，甚至"裸辞"。而企业普遍招人难、留人难，因此，企业主也不敢对员工提出太多要求。这时，"只有高要求，没有高激励"的绩效管理模式在企业根本行不通。因此，企业必须选择共赢式加薪这类以"除了高要求，还有高激励"为导向的薪酬绩效模式。

如果企业主的管理理念无法与时俱进，还停留在 10 年前——自己打工的那个时代，用"以罚代管"的方法来管理现在的员工，员工只会拍拍屁股一走了之。三分管、七分励（奖励）才是顺应时代的做法。

曾经有一句话很流行：铁打的营盘流水的兵。这句话已经不适合现在的形势了。现如今，"营盘"和"兵"都是相互的。企业会淘汰跟不上发展的员工，员工也会淘汰跟不上发展的企业。

因此，作为企业主必须跟上形势、顺势而为，想方设法以激励和共赢为前提，让员工和你成为利益共同体。因为，员工从来不会为公司目标而努力，只会为自己的利益而奋斗，这是人性。

除此之外，企业选择什么样的薪酬绩效模式，还要看企业当前的管理能力和所处的发展阶段，不能只考虑方式、方法，掉进方法论的陷阱。

一套好的绩效模式，应当既能高效运转又简单实用，不是越先进越好，而是越有效越好。

共赢式加薪与传统考核评分有何区别

传统考核定位评估员工工作好坏；而共赢式加薪的定位是先激励员工多创造价值，再评估员工工作的结果。下面，我们以统计岗位为例来说明。

A 统计：每天工作 4 个小时，有充足时间完成工作，不容易出错。因此，差错次数少（每月 3 次），考评得 9 分。

B 统计：每天工作量很大，需要八九个小时才能完成工作，很忙很累。差错次数比 A 多（每月 4 次），考评只得 7 分。

这样的考核合理吗？很显然，这是绝对不合理的！这样的考核

第十一章 关于共赢式加薪

既扼杀员工工作动力，又增加企业用工成本。

因此，共赢式加薪先设计激励，让员工自动自发把工作做多做满、把工作效率做高，然后再通过考核让员工把工作结果做好。

针对后勤岗位，共赢式加薪将后勤员工的工作职责、工作内容、工作结果先梳理、后定价。员工以前盼清闲，现在抢着干。因为，做得越多越好，收入就越高。因此，后勤团队再也不会出现"缺乏主动性，不愿意承担责任，忽视工作结果，工作配合性差，只做分内事"的情况。

共赢式加薪与阿米巴有何区别

在很长一段时间里,我对阿米巴的学习与研究是夜以继日、近似疯狂的。参加线下、线上培训课程,在网络上搜遍有关阿米巴的文章,稻盛和夫所写的每一篇文章更是看了一遍又一遍,并亲自到多家推行阿米巴的企业实地调研。

时至今日,我对阿米巴哲学仍推崇备至,甚至其在共赢式加薪的创建中也对我有所裨益,共赢式加薪这套新模式的几处点睛之笔也是在阿米巴经营哲学的基础上生发出来的。

阿米巴在日本企业风行,但客观地说,国内真正将阿米巴模式

第十一章 关于共赢式加薪

成功落地的企业又有几家？大多数企业最多只是借鉴了阿米巴哲学理念，对企业治理进行了非结构性调整。好比在粤菜中放入辣椒，但那终究不是川菜。当然，即便只是借鉴，也能让企业收益颇丰。可是，阿米巴为何不能在中国企业落地生根？相信读者看完下面这段文字，心中自然会有答案。

以下这段文字摘自《阿米巴模式》。

阿米巴是没有金钱报酬的游戏。

在京瓷，对于完成年度计划、目标的阿米巴，只会通过授予奖状和赠送啤酒券或公司的圆珠笔来进行奖励。单位时间核算的结果不和奖金等金钱报酬挂钩。

京瓷没有这种金钱奖励，员工们把阿米巴经营当成一种经营游戏来享受其中的乐趣，只要有激情，谁都可以成为"一国一城之主"，都有按照自己的想法经营一个阿米巴的机会。在此过程中，如果做出成绩，就会获得精神上的满足。

试问，如果国内某民营企业的员工加班加点数月做出成绩、成果之后，企业主只给他发一张奖状或赠送啤酒券、圆珠笔，这名员工会怎么想？

我曾参加过一家企业的阿米巴启动会，当咨询公司多次强调"工作是灵魂最好的修行"时，有一位员工突然站起来，当着所有人的面大声说："能不能先让我们吃饱饭，再谈修行灵魂的事情？"这让咨询方很尴尬，让企业主很气愤。而其他在座员工是什么想法？会后，我随机问了十几位员工，大家都表示自己也是这么想的。虽然这位员工做法激进，但并不应该被批判。他的话背后或许包含着背井离乡的孤单、物质匮乏的辛酸、迷茫无助的呐喊。而且，他道出的正是员工阶层的心声。

很多员工来自农村，在城市租房开销大，组建家庭、养育孩子、赡养父母，哪样不需要钱？他们迫切需要更多收入来满足最基本的生活需求与家庭开支。

在城市长大的员工，同样期望有更好的收入以改善生活品质。不是有一套房子住、不需要交房租就万事大吉了，就算不"剁手网购"，生儿育女、人情往来的开销也是庞大的。

我每次到企业做咨询项目时，都会听到员工们说：我们不接受洗脑，不要玩虚的，不要浪费时间，我们只要实在的东西！

共赢式加薪只在门店导入，可以吗

共赢式加薪必须在门店、工厂、裱花部同步导入，否则，不会有效果。工厂、裱花部拖后腿，门店就算想往前冲也是孤掌难鸣。

产品是烘焙企业的核心、根本，决定着企业的生死存亡。很多企业业绩增长乏力甚至下滑，表面是门店营销不力，其实是工厂、裱花部这两个生产中心跟不上。

工厂、裱花部的人员拿着固定工资，动力不足，做新产品只是完成企业主交代的任务、敷衍了事。现有产品问题也层出不穷，比如产品品质不稳定、不按时供货等。门店受这些问题的制约，外加自身营销能力不足,企业效益才会下降。

  因此,我接咨询项目,必须是门店、工厂、裱花部三大板块一起做薪酬改革。只做门店的项目,我不会考虑合作。不是钱多钱少的问题,而是没有效果。我视效果、口碑为生命。

共赢式加薪只在管理层导入，可以吗

共赢式加薪不应只在管理层导入，而应全员推行。

就以门店举例，共赢式加薪先将营收、报耗、人员等八大烘焙门店经营关键指标与店长的工资全面挂钩；再通过"教会店长看数据""降低产品报耗的十大方法""解决店长日常管理中6个头疼的问题"等方法给店长做培训，全面提升店长的能力。但是，仅激活店长，效果是极其有限的。门店是烘焙企业的业绩中心，门店做得好不好，关键不仅在店长，更在于每天直接面向客户的每一位营业员。因此，需要同步进行营业员的薪酬改革。如此一来，门店才能上下一心、同心协力,从蛋糕、现烤食品、面包、饮料、冻点及充值等各个方面拉动业绩,让业绩飞起来。

共赢式加薪不在后勤岗位导入，可以吗

常听烘焙企业的企业主说：门店、工厂、裱花部是一线部门，司机、统计、会计、仓库管理员、人事、行政、客服等后勤人员所在的部门是二线部门。

在我看来，烘焙企业没有一二线部门的说法，所有部门都是一线部门，只是大家分工不同。例如，司机是二线岗位吗？司机负责将蛋糕直接送到客户手上，如果他算二线岗位，那么，不直接接触客户的裱花部和工厂是不是算三线部门？而且，司机是很多烘焙企业管理的重灾区。司机被称为"会消失的人"。有时，送一趟货原本只需 30 分钟，但司机两个小时都回不到工厂；而且，配送冻点、蛋糕时，经常出现晚到或损坏产品的情况；配送单位订单的货品，也经常出现不将货筐拉回工厂的情况；更有甚者，在工厂内点够数的货，到了门店常常少货。以上情况，只是烘焙企业的企业主提到的司机问题的九牛一毛。

如果司机不给力，出现不按时送达蛋糕、漏配蜡烛碟叉、服务态度不好的情形，就算蛋糕再精美，也会因输在最后一公里，而使之前的努力前功尽弃。

如果统计不给力，企业数据迟迟出不来或数据出现错误，无法按时给员工发放工资或发错工资，再好的薪酬模式也无法得到员工的认可，也会被误杀。

如果仓库管理员不给力，根本无法得知各部门具体的成本数据，而无法考核相关责任人，引导其有成本意识，减少浪费。薪酬改革只能激励业绩正常，而无法管控成本合理减少，企业就像长短腿一样站不稳。

烘焙企业各个部门和岗位是一环扣一环的，后勤岗位看似普通，对企业经营有着同样举足轻重的作用，一个都不能少。

共赢式加薪导入的九大步骤

共赢式加薪导入的九大步骤分别是：问题诊断，数据收集，系统设计，讲解宣导，初步试行，简单微调，正式运行，总结分析，改革深化。

一、问题诊断

根据以下情况，对企业的问题做出诊断。

1.了解公司组织架构、岗位设置与人员配置、在职员工收入状况（近一年或近三年的数据，分析本企业员工的收入在同行中的竞争力）、现行工资制度与绩效管理方法，与公司大股东及企业主沟通经营与战略问题，与核心高管沟通团队问题，与财务、人力资源部门等沟通数据。

2.了解员工状态，到一线现场了解操作流程与状况，与操作层面的员工沟通需求与操作问题，安排问卷调研（若有必要，进行综合调研或有针对性的调研），安排现场观测（评估整体流程），安排管理层或相关岗位座谈。

3.对员工的稳定性（员工流失与核心人才流动）、员工的主要诉求（包括薪酬、指标、管理状况等）、员工的士气与创造力（根据员工调查与反馈等数据测算员工的士气与创造力）、未来三年发展战略、下一经营年度市场预测和重要目标预算、三年发展预算目标等问题进行调研。

二、数据收集

公司整体利润表及达成（近一年）、人员流动、人效比与工资费用率，成本、费用比与净利润率及销售额，主要产品（业务）销售或产量趋势状况，客户发展与销售状态，近一年的经营管理数据……要将现有的数据制成《企业内部经营报表》。

通过数据收集，掌握公司业务状况、成本负担、费用结构。将成本、费用区分清楚，将可控与不可控费用、变动与固定费用分别拟制成表格。

三、系统设计

1. 完成《岗位职责分析表》，沟通后修正各岗位分析表，分析岗位的工作价值与负荷。必要时，调整部门与岗位设置及其功能。分析各岗位的价值，提取关键因子，听取上级管理者对该岗位的期望与工作要求，从公司战略层面出发的对各岗位的价值需求，从上而下、从经营单元到非经营单元提取岗位指标。

2. 每个岗位初选10～15个指标（SMART原则），指标的利润黏合度、匹配度分析，各相关岗位的指标联动性、关联度分析。建立指标库、数据库，区分产值类指标、价值类指标，根据重要程度依次排序，重要的指标权重大。

3. 展开历史数据分析、未来市场预测及下一周期预算，初步确定目标设定方法，并与员工达成共识。根据市场发展情形及企业上升空间的预判，锁定增长空间。根据增长幅度、激励力度，选定共赢式加薪工资比例，根据各指标权重与共赢式加薪工资比例确定各指标对应的权重工资（配额工资），转化为提成模式。

4. 通过历史数据进行对比测算，通过测算相应调整提成、奖励等的力度。按预算目标值推算每一管理岗位的年薪水平，并同上年对比，对比薪酬增长幅度与营业额增长的比例关系、净利润率的增长状态。与公司大股东、董事会成员、企业主沟通共赢式加薪的设计方案，通过数据测算、对比分析，表决通过共赢式加薪方案。

四、讲解宣导

启动项目，安排2～3天开方案讲解会，每一岗位都要单独面谈(1～2小时/人)。以数据说话，以正激励为导向，以加薪为原则。必要时，接受管理者的意见，调整指标及激励力度。全面推行，所有管理者统一签订共赢式加薪方案，在单独面谈、正式签约时，确定年度加薪行动（具体运营计划或重大策略）。

五、初步试行

拟订共赢式加薪系统（操作性文件），通常选择业务、生产单元的高管作为试行岗位，试行岗位与其他岗位的试行间隔时间最长不超过两个月。坚决试行，可对比过去的工资水平，但坚决按共赢式加薪方案计算和发放工资。宜选择行业旺季、加薪季推行共赢式加薪。共赢式加薪每日收入系统正式运行，参与改革人员每周必须总结一次经验。

六、简单微调

通过周、月加薪行动检视会收集管理者的具体意见，分析各种意见。必要时，尽快微调共赢式加薪方案中的指标与激励设计，分析每项指标的提成、奖励等，对比成果与奖罚的联动关系，重点用数据分析工资费用率、营业额增长率、净利润率及公司关注的其他重要指标。

查找影响执行效果的核心要素与重要问题并根据重要与否排序，先着重解决前三项或前五项。经过试行，对数据的真实性、准确性进行审核，同时令数据更加符合当初设定的标准和范围。

试行期间，允许对指标、数据、目标做出相应的调整，但基本上仍属于微调，必须具有大家都可以接受的调整原因：①数据错误；②市场形势发生改变；③激励力度过大或偏小；④考核无法促进结果；⑤必须调整考核方式；⑥必须重新定义考核内容；⑦补充说明。

对重要的目标，可在共赢式加薪的基础上补充分层次的目标激励，相互签订正式执行文件或安排全面启动会议。

七、正式运行

每月向股东会、董事会、企业主报告共赢式加薪实施状况，每周、每月督促加薪行动检视会如期召开。为配合实施效果，推动并执行公司的策略性计划，跟进、检视、了解被减薪人员的状况与诉求，每周、每月通过加薪排名、业绩排名、达标排名等对优秀人员进行鼓励、表彰。在公司构建绩效文化的氛围和机制，如目标墙、英雄榜、PK队等。

八、总结分析

每周一次小结。小结要点：用数据反馈结果，倾听员工的意见，对比员工收入增长与企业实际收益的关系，行动计划的执行及改善的情形，公司深化各项变革的建议，异常情况与突出问题的报告和解决方案，就需要调整的指标或数据沟通。

总结的关键在于进行数据对比并分析差异所在，在共赢式加薪的激励基础上，丰富目标激励，增加多元化即时激励。指标调整内容包括权重、废弃、增加考核内容或方式，提成激励力度是增大或调小。

九、改革深化

将共赢式加薪推广到各个岗位，深化全员绩效管理。在执行共赢式加薪过程中，可以选择有层次性的共赢式加薪设计。在运行共赢式加薪的 12 个月或 24 个月后，可将共赢式加薪用于合伙人设计或股权激励设计，根据价值需求、目标导向、流程优化等，改进公司治理结构与资源配置情况。

谋求精兵简政，提升人效，简化工作流程，降低成本费用率及公司损耗，对现有所有的业务范围根据变量、带宽量化薪酬设计的理念，深化企业改革。

设计共赢式加薪方案前需要了解的 65 个问题

设计共赢式加薪方案前需要根据企业特性了解 200 个左右的问题，以下仅列出通用的 65 个问题。

1. 有多少家门店？
2. 每一家门店有多少人？
3. 门店都有什么岗位？
4. 哪个店有现烤房或裱花部？
5. 工厂有多少人？

6. 工厂都有什么岗位？

7. 裱花部有多少人？

8. 裱花部主管管理能力如何？

9. 办公室有多少人？

10. 办公室有什么岗位？

11. 有没有仓库管理员？

12. 什么时候设置的仓库管理员岗位？

13. 有没有统计？

14. 什么时候设置的统计岗位？

15. 每周开例会吗？

16. 每周例会一般有谁参加，几点开始，几点结束？

17. 每周例会的主题是什么？

18. 例会与会人员的发言或者回应一般是什么？

19. 除了企业主以外，还有没有人对企业情况了解得很透彻，且表达能力很强？

20. 见微知著，从企业的"墙上文化"感觉到了什么？

21. 企业的组织架构现在是怎么样的？

22. 目前管理中最让企业主困扰的问题有哪些？

23. 企业主最迫切想解决的问题是什么？

24. 企业主觉得工厂存在的问题有哪些？

举例

原料放在仓库都已经过期了。

产品质量时常会出问题，比如烘烤蛋糕时忘了开底火等。

第十一章 关于共赢式加薪

产品配送不及时，做出来的东西放在仓库，不能马上送去门店。

做产品怕麻烦，丹麦类产品教不会员工，能不做就不做，只有很闲的时候才会做，导致产品断断续续供不上货。

主管只根据自己的喜好安排生产，不管市场的需求。

有不合格的产品，工厂会让门店切给客人试吃。

25. 企业主觉得门店存在的问题有哪些？

举例

店长对于在门口摆摊做活动这件事情不是很重视，就算勉强做了，也是应付了事。

摆货理货，应该摆成堆头，但讲来讲去都没有办法执行好。

做活动安排的计划不清晰，做事随性，出现问题抱怨，不了了之。

"五一"期间，店长忙双皮奶的制作；门店缺货需要调货，但却没有办法兼顾这件事情。

员工的礼仪服务用语做得比较差，很久没有向员工提出这方面的要求了。

26. 企业主觉得裱花部存在的问题有哪些？

举例

细节不注意，榴梿千层里面有发丝，裱花部的地面上都是蛋糕屑。

货不对版，经常写错祝福牌上面的字。

冻点上面的水果时多时少，有时水果还是发霉变质的。

客人想订慕斯蛋糕，结果裱花师嫌麻烦说没有时间，客户定了一个便宜很多的水果蛋糕。

27. 除了以上的问题？你觉得你的企业还有什么问题？

举例

原来，两位店长4家门店，每位店长各管两家门店。但是，其中一位店长自动请求只管一家门店就好了。因此，目前是一个店长管一家门店，另一个店长管3家门店。

人才跟不上企业的发展，即将新开的门店，任命谁去做店长？

就算还有蛋糕没有做出来，但到了下班时间，送货员还会是按时下班。

产品质量不稳定，蛋挞经常烤不熟，要门店自己放到微波炉里烤。

28. 企业主对共赢式加薪模式的了解有多少？

29. 管理层对共赢式加薪模式的了解有多少？

30. 基层员工对共赢式加薪模式的了解有多少？

31. 员工的工资结构是怎么样的？

32. 各个管理者来公司多长时间了？在当前这个岗位工作多长时间了？

33. 各个管理者月工资是怎么构成的？哪些是固定的？哪些是浮动的？浮动部分计发的依据是什么？

34. 各个管理者的加班工资、工龄工资是按什么规则发放的？

35. 有达标奖或其他奖励吗？

36. 业绩奖金是按营业额 × 提成点数计算、发放的吗？还是设置了营业额达标奖？

37. 具体提成点数是多少？

38. 具体达到多少营业额才算达标？

39. 所有门店的目标一样吗？

40. 每家门店的目标是怎么定出来的？

41. 管理层中是否有人是股东？有多少股份？股东分红是多少？

42. 对于管理层的工作表现，企业主如何评价？有哪些方面是需要改进的？按重要性排序。

43. 去年的年平均工资是多少？

44. 上一次调薪是什么时候？

45. 员工对于自己的工资有没有什么看法？

46. 部门在协作的过程中存在什么问题？

47. 去年的年工资是多少？

48. 平均每个月做多少个蛋糕？

49. 平均人均产值是多少？

50. 企业是否有绩效考核？

51. 如果有绩效考核，推行多少年了？

52. 绩效考核模式是企业自己做的，还是请外部机构做的？如果是外部机构做的，是哪家机构？

53. 企业的绩效考核制度具体是怎么样的？

54. 企业主认为绩效考核起到预期的作用了吗？

55. 绩效考核在哪些方面起到了作用？

56. 绩效考核在哪些方面没起作用？

57. 员工对绩效考核有什么反馈的声音？

58. 什么样的情况下，员工可以拿满工资？

59. 什么样的情况下，员工被扣工资？扣多少？

60. 会出现部门之间推诿的情况吗？

61. 管理层希望改革能为他们解决什么问题吗？

62. 问管理层：如果把你的工资改为共赢式加薪，你觉得如何？

63. 有关于部门的制度、工作流程、操作规范等纸质的文件吗？

64. 有岗位职责等规范吗？

65. 对于薪酬改革，企业主有什么顾虑吗？

共赢式加薪实践案例：门店效果

一家烘焙企业，主要经营模式为中央工厂加门店现烤。店长原来备货非常随意。有时备货少了，还没到晚上8点，门店就缺货了。有时备货多了，卖不掉的产品等着报废。有时还会忘了备货，一早，中岛柜只有几个现烤面包，有些客人看了看，就转身走进了隔壁竞争对手的门店。现烤师傅问店长："反正没有活干，我能不能先回家睡两个小时。"

该企业导入共赢式加薪第一个月，店长有了如表11-1所示的改变。

表 11-1　　　　　　　　　　　　　門店导入共赢式加薪前后的变化

以　前	现　在
店长备货随意，还经常忘记加减单。	每天认真制订备货计划，因为备少了会缺货、影响业绩，备多了又会增加报耗。这家企业的门店报耗率迅速从之前的 11.4% 下降到 2.8%。
店长不知道自己每天要管什么，说是店长，做的事也和营业员差不多。	笼统的职责转化为清晰的目标，店长知道自己的努力方向，把 80% 的精力都聚焦在做业绩、控报耗、合理备货、培养员工上。
店长常常给不了工厂关于产品改良的建议，甚至觉得这件事情和自己关系不大。	店长会留心客户的意见，并且会反馈给工厂。因为产品好，门店才能有更高的业绩。
店长对水吧总是不上心，客户来买东西也懒得推荐充值卡，生日蛋糕的话术永远都是那两句，客户问多几句就不耐烦。	店长对每一位营业员都进行了饮品制作流程的培训，并且考试。客户结账时，营业员都会推荐饮品、充值卡，生日蛋糕更是销售重点。门店销售额迅速提升了 30%。
推新品时，店长只会对营业员说："大家要向客户推荐公司的新产品。"	店长会组织员工试吃，培训员工如何向客户推荐新产品的卖点。

看到门店的变化，企业主兴奋的分享：我敢 100% 肯定地说，有了这套新机制，即便在市场环境不好时，别人亏损，我们也能保本。而在市场环境好时，我们的利润一定是同行里面最高的！

共赢式加薪实践案例：裱花部效果

一位烘焙企业主带着人事经理拜访我。这位人事经理新修订了一套薪酬制度，请我给提意见。

我问人事经理："你重新修订薪酬制度的目的是什么？"

人事经理说："现在的薪酬制度不够规范，我想让它更规范一些。员工工资本来只有3级，我把它改成了6级。"

我说："以级别、工龄为基准的薪酬制度，大多重在规范，却牺牲了薪酬最重要、最核心的价值——驱动力。这是舍本逐末。我推荐你们做共赢式加薪。"

共赢式加薪

该企业的企业主立即表态："这才是我想要的！"

到底是一套什么样的机制让该企业主如获至宝、心满意足？下面，我们以该烘焙企业裱花部主管岗位为例来说明。表11-2是该烘焙企业裱花部主管在导入共赢式加薪前后的收入对比。

表11-2　　　　　裱花部主管2016年、2017年的收入对比

2016年（原薪酬方案）		2017年（共赢式加薪方案）	
工资构成	固定或浮动	工资构成	固定或浮动
基本工资	固定	销售额工资	有奖有罚
岗位工资	固定	成本管控工资	有奖有罚
工龄工资	固定	新品制作工资	有奖有罚
交通补贴	固定	××工资	有奖有罚
伙食补贴	固定	××工资	有奖有罚
住房补贴	固定	××工资	有奖有罚
业绩达标奖	浮动	××工资	有奖有罚
年收入合计	54331元	年收入合计	72490元

推行了共赢式加薪之后，该企业的员工都说，裱花部的人改变很大，好像换了一批人似的。表11-3是该企业裱花部导入共赢式加薪前后的表现对比。

表 11-3　　　　　　　　　　　　　　裱花部导入共赢式加薪前后的表现

以　前	现　在
门店搞活动的时候，冻点常常不能及时供货，或者质量不过关。	无论是否搞活动，冻点都能按时供货。
冻点的做工粗糙，卖相差。	裱花部主管就冻点工艺给裱花师做专项培训和考核，裱花师认真完成，切件做工精细度大幅度提升
冻点出新品很难，连老客户都说："这些冻点都吃腻了，你们能不能出点新品？"。	冻点每个月出2~3款新品。每逢节假日，比如情人节、圣诞节，裱花部主管会提前一个月设计出多款节日款冻点。
生日蛋糕经常做错版、写错客户名字。有时到了客户拿蛋糕的时间，蛋糕还没做出来，门店经常接到客户投诉。	很少出现蛋糕做错版、写错客户名字的现象。门店反馈：现在的蛋糕都很及时，再也不用帮裱花部收拾烂摊子了。
蛋糕订单一多，整个裱花部的员工都像怨妇一样，有时情绪不好还会和门店的员工吵架，弄得门店的员工都不愿意向客户推荐蛋糕。	裱花师看到订单越多越开心，到下班时间还不想走。整个裱花部的工作氛围焕然一新，大家都抢着干活。
产品上时不时出现头发、虫子等异物。	裱花师自动自发带上帽子、口罩、手套，再也没有出现因产品上有异物被客户投诉的情况。
员工效率低，经常产生加班费。	5个人能做完的事情，绝对不会6个人做；6个小时能做完的事情，绝不用8个小时做。

续表 11-3

以 前	现 在
裱花部的人员编制是 5 个人，只要缺人，裱花部主管一定会要求公司立刻补人。即使没活干，也要补人。	裱花部主管会自己掂量，是不是真的有必要加人。在保证品质、出货时间的情况下，能不能用最少的人，做最多的事情。

企业主感叹：以前发工资，企业是我一个人的；现在分好钱，企业就是大家的！

共赢式加薪实践案例：工厂效果

　　一家烘焙企业导入共赢式加薪后，2016年的销售额增长了10%（受当地市场影响），而利润却增加了80%。

　　以前，厂长每天实际到车间检查工作的时间只有1~2个小时。结果，工人将二次加工、切头切尾剩下的尾料全部丢掉，发酵过头的、烤坏的、包装时损坏的产品也很多。更有甚者，烘烤组长早上上班，第一件事就是预热烤箱，然后再开始做其他事情，1个小时后才真正开始烘烤产品。其实，烤箱预热只需要七八分钟，这种行为严重浪费了电力资源，也增加了不必要的成本。而且，产品品质一直很不稳定，比如杂粮吐司时厚时薄、芒果年轮时大时小、虎皮蛋糕时高时低、半熟芝士时黄时黑……

不管在哪一个行业、哪一家公司，产品永远是企业的核心竞争力，对烘焙行业来说更是如此。客户永远都不会为企业而来，只会冲产品而来。产品即广告，客户即渠道。更何况，烘焙行业有一个独有的特点：客户对烘焙食品的外观、口味不断求新。如果在产品上不能保持竞争力，其他所有的努力都会失去意义。

究其根源，该企业做产品的人像走马灯一样不断在换，教会一批走一批。工厂急缺人手，根本做不到岗前培训，新手直接上岗，边学边做。因此，产品制作效率低，品质问题层出不穷，也是再正常不过的事情。一般来说，人员不稳定，产品就不可能稳定。

该企业导入共赢式加薪之后的变化如下所述。

首先，厂长每天至少8小时在工厂盯着整个生产过程，使尾料得以充分利用；而且，厂长严格把关产品质量，不断规范员工操作方法，发酵过头、烤坏、包装时损坏的产品大大减少。

其次，共赢式加薪提升了员工的成本意识，每一名员工都知道：为企业减少浪费就等于为自己增加收入。企业从此形成了节约风气，再也没有出现过烘烤组长过早预热烤箱等大量浪费水电煤气的情况发生。

再次，培训带教新人与生产主管及老员工的利益相关，新员工遇到困难，主管会第一时间帮助解决；新员工埋怨辛苦、工作时间长，老员工会第一件时间为其疏导；新员工萌生去意，主管、老员工比企业主更着急。新进的员工除了企业主动淘汰的，其余全部都留了下来。

除此之外，工厂的人员是两个人干3个人的活，效率大大提升，新产品更新频率、存活率及产品品质也较过去发生了翻天覆地的变化。

三个月后，企业总成本从51.2%降到41.5%。将近10%的成本下降，意味着当年即便营业额不涨，企业也能增加130万元的纯利润。节约一元钱比赚一元钱来得如此容易！

在庆功宴上，该企业的企业主说：以前，员工状态半死不活，我以为是他们能力不够，就找了很多老师来企业做内训，效果都不好。自己的人培养不起来，外面的人又水土不服，那段时间我很苦闷。今年，企业推行共赢式加薪，淘汰懒人、起用新人，最终纯利润翻了一番。非常感谢中谋咨询的巢文静老师及其咨询师团队，同时也非常感谢原料商把中谋咨询推荐给我。

某次行业研讨会上的共赢式加薪实践案例分享

以下内容来自我在某次行业研讨会上做的分享。

各位老师、学友,大家晚上好!

很开心,今天有幸与大家相识结缘。

今天我分享的案例是我多年前服务的一家企业的真实案例。因为签署了保密协议,所以,我就不说这是哪家企业了。

这家烘焙企业的企业主姓陈。在企业成立初期,他凭着选址得

第十一章 关于共赢式加薪

当及周边较少同行对手的因素，店面生意非常兴旺，可谓日进斗金。赚到第一桶金的陈总经理果断兴建了自己的中央工厂。陈总经理认为这步棋能保证他的企业未来10年的市场竞争力。于是，每天躺着也能赚到钱的陈总经理，逐渐放松了对市场的警惕。

随着人们生活水平的提高，以及烘焙行业的准入门槛降低，无数人涌入极大地吞噬了烘焙市场份额，竞争日趋白热化。陈总经理想改走高端路线，提高产品单价，以期获得更高利润。于是，他开了一家装修豪华宽敞的烘焙店，引入现烤、水吧、休闲区等。门店形象升级了，产品和服务当然也要同步升级。但是，却出现了新品出不来、产品品质上不去、服务跟不上等情况。结果，客户不买账，产品价格还是涨不上去。门店的"硬件"提升了，但"软件"还是老样子。

"软件"跟不上，陈总经理知道是管理上出了问题，但他认为以后再解决也不迟，当下最主要的是抢占市场。于是，他继续开店，在地铁商业圈连开两家门店。结果，这两家门店也没有做起来。

当时正值"互联网+"概念兴起，无数资本杀入烘焙行业，获利颇丰。陈企业主思来想去，难道实体在互联网浪潮下已死？他着急了，也想做网络商城。可是找专业的人做要花大笔费用，就让自己的员工做，结果把网络商城做的半死不活。慢慢地，连毛利最高的蛋糕市场也被抢走……雪上加霜的是，企业利润一再下滑的同时，员工对工资的要求却与日俱增。员工要收入，企业要利润，这本来无可厚非。但是，公司根本拿不出钱给员工更好的待遇。优秀人才留不住，新员工招不来，公司就进入了一个死循环。

共赢式加薪

在四面楚歌的情况下，陈总经理不得不赶紧"战略收缩"——关掉10家门店减少亏损面来续命。但是，陈总经理无论如何都想不明白这3个问题：第一，为什么门店开在客流量大的地铁商圈，还会亏本？第二，企业经营得好好的，怎么一瞬间就变天了？第三，很多烘焙企业的管理比我差多了，为什么人家还活得好好的？

接下来，我给大家逐一分析。

陈总经理曾与我分享了一件事情，如下所述。

今年国庆节假期的业绩没有去年好，我问店长是什么情况？

店长说："因为今年国庆节太热，外出的人少。再加上竞争对手在旁边开了家新店，整个国庆节假期都拿着大喇叭做活动，我们的客户都去了他们那里。其实，我们也可以拿大喇叭和他们对喊，但那样会被别人看笑话。他们是外地来的无所谓，我们是本地的，丢不起这个人。"

陈总经理一听愣住了，她说的好有"道理"，自己竟无言以对。这真的是国庆节假期门店业绩下降的原因吗？陈总经理经过调查，发现真实情况原来是这样的。

明知国庆节假期生意好，要提前准备双皮奶，可店长们却不当一回事。果不其然，当天中午，5元一杯的双皮奶销售一空。但是，就在这样的情况下，店长和早班员工竟然按时下班回家了。

晚班的时候，本来客人多、人手就紧张，还要安排一个人做双皮奶。门店剩下一个人只能负责收银，当晚很多客人点奶茶，但都无人制作。而且，估计是营业员忙晕了，把产品加单的事给忘了。

第二天才发现这件事情,门店整个下午货架都是空的。

听完陈总经理的话,我不敢相信这是一家拥有几十家门店的企业的管理水平。于是在与营业员一对一沟通时,又侧面求证了此事。从营业员的反馈推断,调查属实。

为什么认为和对手竞争就是丢人?坐以待毙、门可罗雀岂不更丢人?

为什么明知国庆节假期生意好,要提前准备双皮奶,却不当一回事?

为什么这么忙,还可以心安理得地按时下班走人?

为什么宁愿缺人手影响生意,还是因为担心被骂而不向陈总经理求助?

后来,在面谈中,我问了店长们一个问题:如果这家店是你的,或门店的经营状况与你的收入息息相关,还会出现这种情况吗?店长们想都没想,异口同声地脱口而出:我肯定会提前安排好。把要备的货提前备齐。国庆节假期,门店所有的人都要来上班,忙不过来的时候全部要加班,过后再补休。这就是利益决定思维。很多时候,决定人们行为的不是对错,而是利益。趋利避害是人性。

在陈总经理的企业中,店长全部采用底薪3000元+业绩达标奖300元的薪酬模式。店长做好做坏,收入都差不多,久而久之失去了拼搏的动力,不满现状但寻求改变的人离开了,不满现状却拒绝改变的人留了下来,混日子的人越来越多,能干的人越来越少。

没有合适的店长,硬把一家门店开起来,这家门店的产品销量、服务质量、顾客口碑等各方面的问题很快就会暴露出来。就算这家门店开在黄金地段，依然可能难以盈利，甚至会亏损。这就是"为什么门店开在客流量大的地铁商圈，还会亏本"的根本原因。

我们再来分析陈总经理的第二个问题，"企业经营得好好的，怎么一瞬间就变天了"。

天气有可能瞬间改变，但经营企业不可能。冰冻三尺，非一日之寒。就好像两个人谈恋爱，昨天还很爱你，今天就不爱你，有这样的情况吗？没有。如果有，只能说对方早就不爱你了，只是你到今天才发现。所以，"企业经营得好好的，一瞬间就变天了"，其实是个伪命题。

大多数烘焙企业的企业主没有分析经营数据的习惯，他们对除了实收账款以外的企业成本、报耗、人工、费用等各项关键数据，未做过详细统计分析，甚至将账上的现金视为利润，自然不可能了解企业真实的经营情况，又何来"企业经营得好好的"一说？就连企业在走下坡路都茫然不知，企业主产生"一瞬间就变天了"的错觉在所难免。

对于陈总经理的第三个问题，"很多烘焙企业的管理比我差多了，为什么还活得好好的"，我是这么看的。这些企业暂时是幸运的，因为它们还在享受市场红利。只是，陈总经理就没那么幸运了，他所在的城市接连来了两个强有力的竞争对手。竞争对手的到来，暴露了企业的诸多问题。对此，我与陈总经理有过多次沟通。

后来，陈总经理曾说过这么一段话。

第十一章 关于共赢式加薪

之前想得最多的是开门店，开门店除了有经济效益，还有面子。同行都说：老陈最近几年又开了好多门店，好厉害呀。听了这些话，我就飘飘然了，还想着扩容工厂。

至于从根本上解决人的问题，我想没必要搞这么复杂！虽然忙是忙了一点，但企业还是赚钱的！更不屑于在乎员工的感受，我想：你不认同我，大不了再招人！

结果，当两个强大的竞争对手相继到来之后，企业业绩断崖式下跌。我恍然大悟：自己的企业管理这么乱、员工流失率这么高、产品品质这么不稳定，还能赚钱是因为没有强有力的竞争对手。

以前，客户就算觉得我家的东西不好、服务不好，但他们没有别的选择，只能在我这里消费。没有对比，就没有伤害。竞争对手一来，客户全部跑到竞争对手那里了，这时候说什么都晚了！

我真是悔不当初，只是时间一去不复返。在企业最好的时候，我没有居安思危、未雨绸缪。

企业与客户好比一对夫妻。某天，竞争对手来了，就像婚姻里有第三者插足，客户出轨了，企业主以为是竞争对手在捣鬼。其实，如果企业自身管理不出问题，苍蝇叮不了无缝的蛋。罪魁祸首，不是竞争对手太强，而是自己的问题太多、团队太弱。当管理不断完善、企业足够强大之时，竞争对手再强大也无须害怕。

所幸的是，陈总经理意识到自己的经营思维已经远远落后于时代。在无数个不眠之夜的苦思冥想后，他终于领悟到了管理的重要性，这是东山再起的曙光。于是，陈企业主与中谋咨询展开了持续

共赢式加薪

3年的深度合作。

一方面，中谋咨询使陈总经理改变了固有的思维观念——从只站在自己角度考虑问题，转变为会站在员工的角度思考问题；从认为员工拿了钱就应该把工作做好，转变为对员工认可欣赏，愿意与员工共赢、分钱。另一方面，中谋咨询通过为该企业导入共赢式加薪，对该企业的组织架构、岗位分工、工作流程、薪酬制度等做了足足78项优化和调整，让陈总经理的企业重焕新生。

之前，陈总经理的工厂管理基础差、问题多，他为了解决这个问题前后换了几任厂长。当时的厂长每个月领着15200元的工资，工厂依然没有改变，仅产品在保质期内变质的问题，一个月就发生了15次。

后来，在导入共赢式加薪时，我向陈总经理提了4个建议。

第一步，辞掉无法为企业主解决问题、为企业创造效益的厂长。

第二步，提拔一位对企业认同且是实干型的人做厂长。

第三步，将原厂长15200元的工资一分为二，其中6200元给这位新厂长做共赢式加薪，方案如表11-4所示。

表11-4　　　　某企业导入共赢式加薪前后厂长的收入结构对比

原薪酬方案		共赢式加薪方案	
工资构成	金额	工资构成	金额
基本工资	8000元	销售额工资	有奖有罚
岗位工资	4000元	产额工资	有奖有罚
工龄工资	100元	新品研发工资	有奖有罚
交通补贴	1000元	成本管控工资	有奖有罚

续表 11-4

原薪酬方案		共赢式加薪方案	
全勤奖	100 元	费用管控工资	有奖有罚
绩效考核	2000 元	品质管控工资	有奖有罚

第四步，剩下的 9000 元以共赢式加薪的方式为工厂全体员工加薪。在此，我为什么要强调是用共赢式加薪的方式呢？因为，传统的加薪只是简单粗暴地将 9000 元平均或按级别加给工厂员工，此种加薪方式的结果常常是：加薪之后，员工会认为这是我该得的，不仅不会因此更努力工作，还会在不久之后再次要求涨薪。只有用共赢式加薪的方式，才能以员工的价值与成果作为加薪多少的衡量依据，不使企业白白付出。

共赢式加薪导入第一个月后，产品在保质期内变质的问题就从 15 次降至 1 次。工厂管理好了，员工动力足了，产品问题少了，重点是企业主一分钱也没多花。

共赢式加薪导入 1 年后，陈总经理的企业出现了 6 个显著变化。

1. **人员流失减少** 50%。12 家门店一年只流失了 4 个营业员。换作以前，至少流失 10 个营业员。而裱花部的人员流失减少更为明显，一年时间没有离职过一个人，就连以前一个跳槽到同行别家企业的老员工，看到企业发展欣欣向荣，又回来了。

2. **员工收入增长** 35%。人员流失为什么减少？很大一部分原因是员工收入增加了。推行共赢式加薪后，厂长等级别的主管平均年薪多了 12000 元；基层员工平均年薪多了 5000 元。

3. **人工成本不涨**。如果运用传统加薪模式，主管和基层员工的

共赢式加薪

收入上涨，对企业来说，一定会就意味着人工成本增加。然而，该企业的工资费用率却没上涨，以前100元营业额要发21.1元工资，现在还是这样。那么，员工上涨的工资是从哪里来的呢？其实是从浪费减少、报耗降低、业绩提升中来的。

4. **原料浪费减少**92%。共赢式加薪导入后，工厂厂长立刻制订了原材料管理办法，并且每天亲自查看原材料的使用情况，监督生产的各个环节，使浪费大大减少。

5. **门店报耗减少**65%。门店店长和营业员每天做数据统计，分析哪些产品好卖、哪些产品不好卖，据此来做备货计划。一家门店货备多了，会挨个给其他门店的店长打电话，请求帮助消化库存，这在以前是没有的。

6. **业绩增长** 40%。因为人员稳定了，门店、裱花部、工厂等部门的员工都是熟手，所以产品质量稳定、门店销售给力。在没有升级店面以及开新门店的情况下，业绩增长了40%。

共赢式加薪导入3年后，陈总经理把之前关掉的10家门店重新开了回来，再另外开了10家门店。

陈总经理不禁感叹：走了好长的一条弯路！

如果早点重视员工、重视管理，导入共赢式加薪，企业的问题早就解决了，根本不用困扰我这么久，少赚好几千万元。

早点做员工激励，优秀人才就不会离我而去。如果现在这些人才还在公司，我都不敢想象企业今天会是怎样的人才济济、兵强马壮！

第十一章　关于共赢式加薪

我的企业或许已经成为本地区最大的烘焙连锁企业，门店至少有100家，年营业额至少在3亿元以上！

这是我多年前服务过的一家企业，陈总经理现在已经移居国外，将企业交由后辈打理。陈总经理的经历是惨痛的，所幸：亡羊补牢，为时未晚。希望这样的经验教训能给诸位学友带来收获。"以铜为鉴，可正衣冠；以人为鉴，可明得失；以史为鉴，可知兴替。"

最后，我用一句话来结束今天的分享：你若不为改变下决心，就会为企业利润下滑而痛心。不改变必是死路一条，快改变才能赢来生机无限。你不改变，你的竞争对手在改变。

附 录

导读

店长岗位说明书范本
共赢式加薪配套制度：6S管理及推进方案实例
共赢式加薪系统：企业每月经营效益分析表
共赢式加薪系统：工厂包装、耗材进销存一览表
共赢式加薪系统：裱花部蛋糕登记表
共赢式加薪系统：客户投诉登记表
共赢式加薪系统：门店报耗单
共赢式加薪系统：门店调货单
共赢式加薪系统：门店活动试吃申请单

店长岗位说明书范本

店长岗位说明书的范本如下所述。

姓名：张三　入职时间：2015年10月　调到本岗位时间：2016年7月

1. 店长岗位管理关系图如附图1所示。

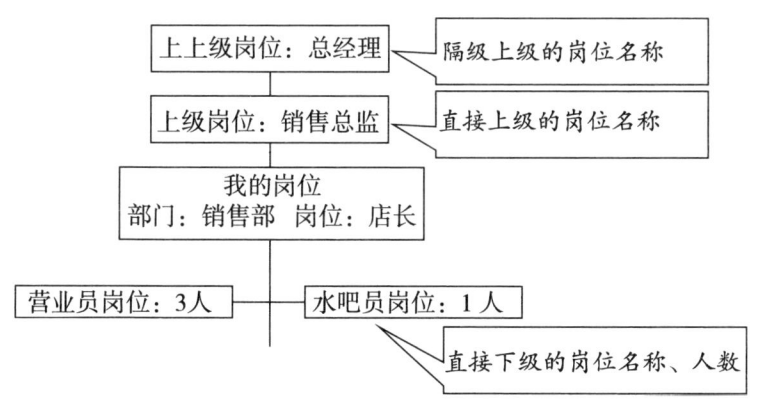

```
         ┌─────────────────┐      ┌──────────────────┐
         │ 上上级岗位：总经理 │──────│ 隔级上级的岗位名称 │
         └─────────────────┘      └──────────────────┘
                  │
         ┌─────────────────┐      ┌──────────────────┐
         │ 上级岗位：销售总监│──────│ 直接上级的岗位名称 │
         └─────────────────┘      └──────────────────┘
                  │
         ┌─────────────────┐
         │     我的岗位      │
         │ 部门：销售部 岗位：店长│
         └─────────────────┘
            │           │
    ┌──────────────┐  ┌──────────────┐
    │ 营业员岗位：3人 │  │ 水吧员岗位：1人│
    └──────────────┘  └──────────────┘
                             │
                    ┌────────────────────┐
                    │直接下级的岗位名称、人数│
                    └────────────────────┘
```

附图1　店长岗位管理关系图

2.店长岗位工作范围概述的范本如附表1所示。

附表1　　　　　　　　　　　　　　　　店长岗位工作范围概述

现在主职工作
1.完成每月每日的销售任务,按照销售总监的安排做促销活动。 2.合理备货、及时验货、上下货、摆货理货、减少报耗。 3.合理给营业员排班及分工,保证门店正常经营,保持门店干净整洁。 4.每日开班会,内容为仪容仪表检查、传达公司通知成通告、总结昨日工作成效、布置今日工作事务。 5.新人带教,营业员的服务礼仪、日常销售技巧指导。 6.完成领导安排的工作任务。

现在兼职工作	
营业员面试,单位订单跟进服务。	
我感兴趣的其他岗位或工作:销售总监。	我认为可与我所在岗位兼容的岗位或工作:客服。

3.店长岗位工作职责的范本如附表2所示。

附表2　　　　　　　　　　　　　　　　　　　　店长岗位工作职责

职责序号	工作职责项	这项工作的价值	这项工作产出的目标与结果	花费时间占比%
1	日常销售及促销活动	促进二次销售,提高新产品的销量,提高客单价。	①达成门店每月销售目标。 ②完成新产品销售任务。 ③冲高年节、店庆等活动的业绩。	20%

续附表2

职责序号	工作职责项	这项工作的价值	这项工作产出的目标与结果	花费时间占比%
2	备货、理货、摆货、调货、上下货	①合理控制产品货量，降低报耗。②保持产品新鲜度、保持好卖相，促进销售。	①根据工作日、休息日、节假日的不同及产品品种不同和门店余货量不同，灵活备货、调货，将门店报耗率控制在2%左右。②产品摆放整齐美观，刺激客户购买欲，保持好销量。	25%
3	合理排班及分工	①根据门店销售高峰、低谷的不同时段合理安排班次和上班人数。节假日活动时尽可能全员上岗，满足营业所需人手，给客户提供周到服务。②门店运营事无巨细均能按时按量按质完成。	①销售高峰人手充足，销售低谷无人力闲置浪费。②将门店繁杂的事务分门别类划分给不同班次和责任人，事事有人做、人人有事做。	10%

247

续附表2

职责序号	工作职责项	这项工作的价值	这项工作产出的目标与结果	花费时间占比%
4	开班会	①营造积极的工作氛围，培养良好的工作习惯。②让门店全体员工有目标、有动力，为自己而工作。	每日工作有计划、有执行、有结果。肯定成绩，改进不足，不断进步。	15%
5	服务礼仪、日常销售技巧指导	提高客户满意度、回头率，客单价。	①让营业员为客户提供优质服务，让客户满意。②增加客户黏性，提升门店业绩。	15%
6	带教新人	使新人快速融入团队，尽快熟悉工作流程，承担本职工作，发挥岗位价值	3天掌握基本工作内容，7天独立开展工作。	10%
7	临时工作	①处理客户异议，让客户从不满意转为很满意。②处理停电、停水、洪水倒灌等突发事件，降低对门店经营的影响，减少财产损失。	迅速、有效解决问题，及时向上级反馈情况。遇到不能处理的事情立即求助，不计问题过夜。	5%

续附表 2

职责序号	工作职责项	这项工作的价值	这项工作产出的目标与结果	花费时间占比%
7	临时工作	③完成领导安排的工作，为领导助力。	迅速、有效解决问题，及时向上级反馈情况。遇到不能处理的事情立即求助，不让问题过夜。	5%

填写说明：①列举本岗位的主要职责，按照重要程度进行排序。列举各项职责上应达到的目标（成果）、花费时间占比。②花费时间占比是指该项工作职责以月为单位，需要花费的时间和占总时间量的比率，通常采用估算法。例如，某项工作，前后需要做 13 天，那其占比约为 50%（每月以 26~27 天计）。各项合计应等于 100%。

共赢式加薪配套制度：6S管理及推进方案实例

一、什么是6S

6S指的是日文SEIRI（整理）、SEITON（整顿）、SEISO（清扫）、SEIKETSU（清洁）、SHITSUKE（素养）与英文SAFETY（安全）这六个单词，因为六个单词前面发音都是"S"，所以统称"6S"，具体内容见附表3。

附表3　　　　　　　　　　　　　　　　　　6S 管理概念释义表

中文	日文	英文	含义	典型例子
整理	SEIRI	Organization	区分必需品和非必需品，现场不放置非必需品。	倒掉垃圾，长期不用的东西放入仓库。
整顿	SEITON	Neatness	将寻找必需品的时间减少为零。	30秒内就可找到要找的东西。
清扫	SEISO	Cleaning	将岗位保持在无垃圾、无灰尘、干净整洁的状态。	谁使用谁清洁（管理）。
清洁	SEIKETSU	Standardisation	将整理、整顿、清扫进行到底，并且制度化。	管理的公开化、透明化。
素养	SHITSUKE	Discipline and Training	对于规定了的事，大家都要遵守执行。	严守标准，团队精神。
安全		Safety	人员操作安全，设备运转安全，环境无危险隐患。	不伤害自己，不伤害他人，不被他人伤害。

251

二、为什么要推进 6S

6S 最主要的目的：辅助共赢式加薪的系统运行，主要从 3 个方面辅助。

（一）提升形象

整齐、清洁、安全的工作环境，不仅有利于于工作的有序开展，同时也有利于提升企业的品牌形象。

（二）提高效率

6S 实施后，工作环境整洁，物品摆放有序而无须寻找。实现了工具、物资随用随取，保证了工序间的物流通畅，减少或消除寻找东西的滞留时间，大大提高了作业效率。

（三）降低生产成本

通过实施 6S，可有效减少设备、场所、时间及人员等方面的浪费，从而降低生产成本。

三、6S 推进前期准备工作

（一）1S 整理

1S 整理：将生产车间和办公场所中的物品、设备清楚的区分为需要品和不需要品，对需要品进行妥善保管，对不需要品则进行处理或报废。

1. 整理的作用如下所示。

①使现场无杂物，行道通畅，增大作业空间，提高工作效率。

②减少碰撞，保障生产安全，提高产品质量。

③员工视野开阔，工作环境氛围良好，员工心情舒畅，工作热情高涨。

2. 整理的推进要领如下所述。

（1）制订"需要"和"不需要"的判别基准，判别基准可根据使用频率制订，如附表 4 所示。

附表 4　　"需要"和"不需要"的判别基准

使用频率	判断基准
一年未用过一次的物品	废弃/封存
三个月用一次的物品	封存
一星期用一次的物品	在使用地划定区域放置
三天用一次的物品	放在不要移动就可以取到的地方

（2）根据制订的判别基准集中处理及清除那些不要的物品。

（3）每日自我检查。

①工作场所是否乱放与工作无关的物品。

②物料、工具是否杂乱，工作场所是否干净整洁。

③设备、工具及防护用品是否完好。

④是否在所定场所按照处理方法整理收集废弃物或不要物品。

3.整理的对象如下所述。

①地面上的原料、设备、杂物等。

②工作台（操作台）上的工具、图表资料、样品及个人物品等。

③办公区域内抽屉和橱柜里的文档，桌上的办公用品等。

④墙上的指示牌，配线，管道等。

⑤室外的废弃物品，不用的材料等。

（二）2S 整顿

2S 整顿：将需要品依据定位、定量等方式进行摆放整齐，并明确地对其予以标识，使寻找需要品的时间减少为零。

1.整顿的作用如下所述。

①提高工作效率，将寻找时间减少为零。

②异常情况（如物品的丢失、损坏）能马上发现。

2.整顿的推进要领如下所述。

①定位摆放：物品依不同的类别集中放置，如清扫工具以挂式方法放置。

②明确标识：放置场所和物品原则上一对一标识。

③定位摆放，明确标识图示。

3.整顿的步骤如下所述。

①彻底地进行整理：在工作岗位只摆放最低限度的必需物品。

②确定放置场所：共需物品集中放置，避免一个车间有两处或多处地点有该物品存放；物品放置100%定位。

③进行标识：采用不同色的油漆、胶带、栅栏或标识牌划分区域；某些产品要注明储存／搬运注意事项和保养时间／方法；暂放产品应挂暂放牌，指明管理责任者及时间跨度。

（三）3S 清扫

3S 清扫：将办公场所和现场的工作环境打扫干净，并防止其污染的发生。

1.清扫的作用如下所述。

①经过整理、整顿，必需物品处于立即能取到的状态，但取出的物品还必须完好可用，这是清扫的最大作用。

②员工不但需要去关心、注意设备的微小变化，细致维护好设备，还必须为设备创造一个"无尘化"的使用环境，设备才有可能做到"零故障"。

2.划分清扫责任区。划分清扫责任区，并让责任区责任到人，如附图2所示。

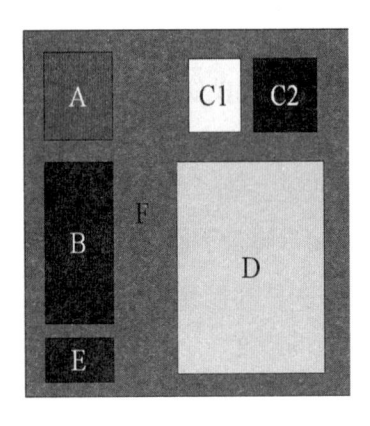

责任区	责任人
A	×××
B	×××
C1/C2	×××
D	×××
E	×××
F	×××

附图 2　清扫责任区划分示意图

（四）4S 清洁

4S 清洁：将整理、整顿、清扫的措施进行到底，且维持其成果，并对其实施做法予以标准化、制度化。

1. 清洁的作用如下所述。

①维持作用：将整理、整顿、清扫取得的良好效果维持下去，成为制度。

②改善作用：对已取得的良好成绩，不断进行改善，使之达到更高的境界。

2. 清洁的实施要领如下所述。

①落实前面的 3 个"S"的工作。

②领导小组成员经常巡视，带动全员重视。

3. 清洁的注意事项如下所述。

①彻底贯彻前面的 3 个"S"的工作：6S 一旦实施就不能半途而

废，否则又很快回到原来的情形；为了打破旧观念，必须"一就是一、二就是二"，对长时间养成的坏习惯要花更长时间来改正；深刻领会理解前面3个"S"的含义，彻底贯彻前面的3个"S"，力图进一步提高。

②制订基准，制度化、标准化管理：制订检查管理的基准；作业人员、责任者、检查者应认真执行，逐一检查工作。

（五）5S 素养

5S 素养：以"人性"为出发点，通过整理、整顿、清扫、清洁等合理化的改善活动，培养上下一体的共同管理语言，使全体员工养成守标准、守规定的良好习惯，进而促进全面管理水平的提升。

1. 素养的作用如下所述。

①重视教育培训，保证员工基本工作素养的提升。

②持续推动前面的4个"S"，直至成为全体员工的习惯。

③使每位员工严守公司及班组标准，按标准作业。

④净化员工心灵，形成温馨的工作氛围。

⑤培养纪律型员工，铸造执行力强的团队。

2. 素养的推进要领如下所述。

①持续推动前面4个"S"至习惯化。

②制订共同遵守的有关规则、规定。

③教育训练（尤其是要加强新进人员的训练）。

④推动各项精神提升活动（早会、生产例会等）。

3. 素养礼貌用语及规范行为如下所述。

①问候／礼貌用语：您好，大家好，早上好，新年好，谢谢，打

扰了，对不起，没关系……

②午间的举止：必须在规定的时间及规定的场所休闲（休息）；喝过的饮料瓶、用过的纸巾等丢进规定的垃圾桶内。

③下班前进行清扫：收拾整齐零件、材料；注意有无隐患；清扫自己的责任区及使用设备的周围区域；将所使用的清洁工具归位放置。

（六）6S安全

6S安全：贯彻"安全第一、预防为主"的方针，在工作中必须确保人身、设备及设施的安全，严守公司机密，清除事故隐患，排除险情，保障员工人身安全和生产正常。

1. 安全的作用如下所述。

①让员工信任公司，自己所从事的工作是安全的。

②让公司信任员工，雇佣的员工不会让企业主蒙受意外的损失。

③树立良好的社会形象，让外界舆论都说"这个公司是安全的"。

2. 安全的推进要领如下所述。

①制订各类标准（作业程序、事情处理程序等）。

②做好前面5个"S"的内容，减少乃至杜绝生产现场存在的隐患。

③生产管理者的教育、引导、培训、督促。

④员工的自我防护意识（劳动防护用品穿戴等）。

⑤将安全工作融入生产工作的计划、布置、检查、总结中。

3. 安全措施举例如下所述。

①强酸、强碱、易燃、易爆品的放置应远离工作场所。

②各种配线、配管的安置做到整齐有序，不杂乱无章。

③建立配线、配管及易燃、易爆品和酸、碱品与消防器材的巡检制度。

④在所有危险区域备有紧急解救措施。

⑤遵守作业指导书（操作规程），不违章操作、不违章作业。

6S 中的 6 个 "S" 是相互依存、环环相扣的关系，如附图 3 所示。

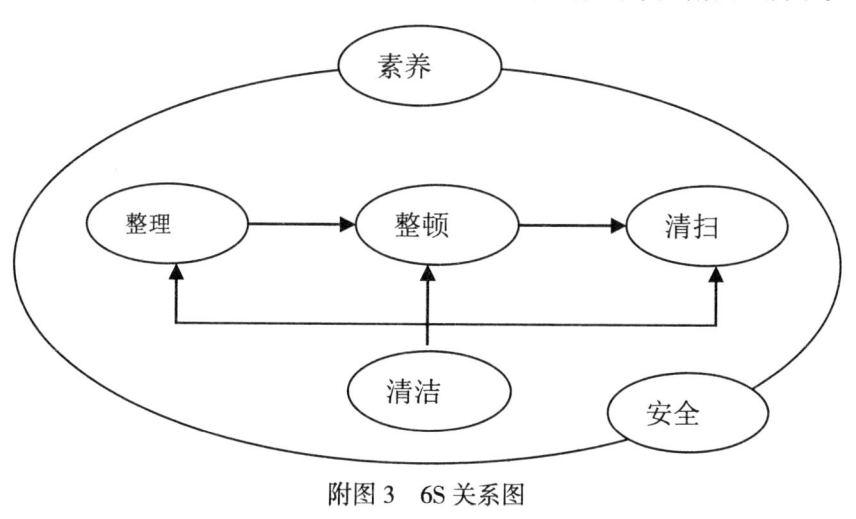

附图 3　6S 关系图

四、6S 推进中的参照标准

（一）画线定位标准

1. 色带宽度参考标准如下所述。

①主通道：10cm。

②次通道或区域线：5～7cm。

2. 通道宽度参考标准如下所述。

①纯粹人行道：约80cm以上。

②单向车通道，W（车最大宽度）车+60cm以上。

③双向车通道，W车1+W车2+90cm以上。

3. 画线材质：油漆，胶带。

4. 颜色标准如下所述。

①黄色：一般通道、区域线。

②白色：工作区域。

③绿色：料区、成品区。

④红色：不良品区，警告、安全管制等。

（二）BOP生产车间标准

1. 通道的标准如下所述。

①通道应当有明显的标识。

②通道内无杂物（如纸屑、塑料袋等），必须时刻保持干净。

③通道必须保持畅通，不得以任何理由进行物品堆置而妨碍通行。

2. 地面的标准如下所述。

①地面上无灰尘、纸屑、塑料袋等杂物。

②地面上无油污、油渍及污垢。

③地面无大量积水。

3. 设备的标准如下所述。

①设备名称标识清楚。

②设备上不可有原材料、半成品、成品。

③设备上无灰尘、纸屑等与工作无关的物品。

④设备必须保持清洁、明亮，无破损现象，随时处于易使用状态。

⑤设备进行日常保养，并将注意事项贴于设备旁。

⑥消防器材等设备需保持清洁卫生、摆放整齐有序，并保证能正常使用。

⑦机器、设备、材料和物品的堆放不得妨碍消防设备的取用。

（三）BOP 办公室标准

1. 办公桌的标准如下所述。

①办公桌桌面上无多余的物品（工作所需物品除外），桌面干净整齐，水杯、文件等统一放到指定位置。

②办公桌下面物品不能堆放太多，随时保持办公桌下面清洁卫生。

③电脑、电话用的电缆、电线应根据其性质进行分类固定。

2. 资料柜、文件柜的标准如下所述。

①资料柜上应有明确的标识，标识上明确注明所放物品及类别。

②资料柜里面公、私物品分类堆放，物品摆放整齐、干净有序。

③下班离开前熄灯并关好空调、窗户，锁好门。

（四）人员行为标准

1. 上班时间必须穿公司的工作服或厂服，不可穿高跟鞋、拖鞋（规定的工作区域除外），不可打赤膊或穿着奇装异服。工装纽扣需扣好，厂牌应挂于胸前，鞋带要系好，不得拖后跟。

2. 任何时刻不得无故逗留或徘徊于他人的工作区域，且不得擅自操作他人的机器、设备。

3. 不得于厂内/工作场所到处奔跑、嬉戏、搞恶作剧或有其他妨碍工作秩序的行为。

4. 不讲粗话、脏话。不随地吐痰，不乱扔垃圾。

5. 禁止在办公室、车间等室内工作场所吸烟。

6. 员工在工作中除特殊情况外一律不得串岗、脱岗。

五、6S具体执行办法

（一）方式一：日常部门反馈以及客诉

比如，手撕包烤焦、蛋糕写错名字等情况，有门店或相关部门、客户直接反馈到微信，要有图片佐证反馈的情况。

反馈及客户投诉内容包含但不限于：不合格品、不按时出货、不按备货出货、不按时按要求领料。何为不合格品？下面，我们举例说明。

1. 裱花部不合格品：不按订单要求制作，写错名字，弄错图案，放错水果，与客户指定图案或样板差异大，装饰瑕疵脱落，歪斜塌陷，手工粗糙，有杂质，口感差，卖相差，保质期内变质，冻点未贴标签，蛋糕高度不符合要求，无出货单或货不对单，蛋糕胚有质量问题（肉眼可发现）裱花部继续使用，等等。水果配件缺货要在每天 10 点前在微信群主动告知门店。

2. 工厂不合格品：以下任一情况均视为不合格品（包含蛋糕胚）：有头发、虫子等异物，包装粘不牢，产品大小不一，缩水变形，烤黑、烤焦、烤坏、烤不熟，底火不够，漏馅，歪斜坍塌，标签出错或没粘或位置不一，产品货不对版，保质期内变质，忘记放糖，泡芙类产品未贴标签，无出货单或货不对单，等等。

特别说明：①每出现一次以上问题，少发工资 50 元/次，涉及经济损失则由主管及责任人平均全额赔偿（此情况下不再少发 50 元）；②如果门店人员或者相关部门人员有包庇情况，比如产品有问题未反馈到微信群、客户有投诉未反馈到微信群，则会视为包庇，门店负责人及直接责任人处罚 50 元/次。

（二）方式二：突击巡查

突击巡查指成立专门的"6S 推进委员会"，对企业的 6S 落实情况突击巡查。

1. 成立 6S 推进委员会。"6S 推进委员会"的架构如附图 4 所示。

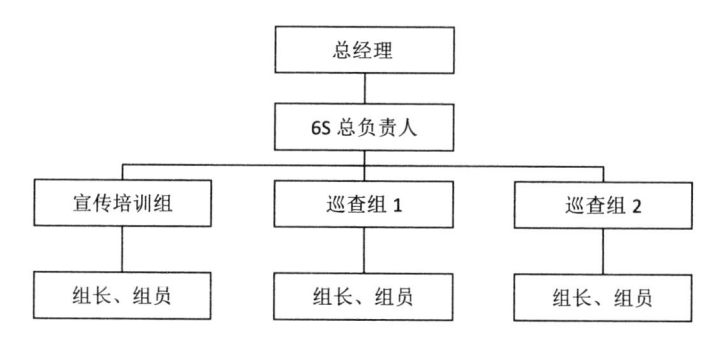

附图 4 "6S 推进委员会"架构图

2. "6S推进委员会"各成员的工作职责如下所述。

①总经理：负责6S活动推进过程中主要文件的批准；负责6S活动推进过程中所需资源的提供；建立6S推进委员会组织架构，及其人员组成和权责确定；负责争议的裁决。

②6S总负责人：统筹开展工作，具体落实和推动6S活动，督促各部门负责人推进6S工作。

③"宣传培训组"：负责编制"6S推进手册"及相关培训资料；负责组织实施6S活动推进过程中的宣传活动；负责6S活动推进过程中会议组织及会议材料整理；负责整理每次评比后的资料并按要求排定名次，进行资料的收发、整理、归档；负责根据需要修改《6S检查表》所列检查项目。

④"巡查组1"、"巡查组2"：负责监督各部门"推进执行组"的6S推进情况；负责6S检查工作的实施，填写《6S检查表》并评分，评分后交与"宣传培训组"做后期整理工作；负责安排检查时的拍照工作，记录现场好与不好的瞬间供各部门学习；检查中发现不符合标准的事项应向被检查部门陪同人员说明，并尽可能提出改善建议，对于严重不符合的开出《6S整改通知单》(模板见附表5)，签字确认后交与被检查部门整改；负责跟进《6S整改通知单》中不符合项目的跟进情况，并将最终结果交给"宣传培训组"统计备案。

附表 5　　　　　　　　　　　　　　　　　　　　　　　　6S 整改通知单

6S 管理整改通知单				
被检查部门		被检查责任人		
被检查区域		检 查 日 期		
计划整改期限（天）		实际整改完成时间		
问题描述	\multicolumn{4}{l	}{6S 检查组：}
原因分析	\multicolumn{4}{l	}{受检部门责任人：}
整改情况	\multicolumn{4}{l	}{受检部门责任人：}
纠正措施	\multicolumn{4}{l	}{受检部门责任人：}
整改检查	\multicolumn{4}{l	}{6S 检查组：}
受检部门负责人签名		检查组组长签名		检查组成员签名

3. "6S推进委员会"的具体工作内容如下所述。

①6S"巡查组"依据《6S检查表》每周对各部门至少进行一次检查，并将检查结果进行通报，且将检查结果发给财务部。

②检查中，对各部门不合要求的情况应当场指出，重要的不符合标准的事项应开具《6S整改通知单》，并提出整改方案和整改期限，责令该部门责任人限期整改，整改期限最长不得超过两天。

③《6S检查表》所列检查项目会根据6S的推进有所更改，更改的内容需由6S推进委员会成员讨论后确定，由"总负责人"具体负责修改。

④检查中若发现的问题点在短期内确实因为外部原因无法改善，被检部门应向6S"巡查组"提出，"巡查组"经查证属实后，短期内可不作为不符合标准项扣分。

⑤6S"巡查组"在进行检查时，各部门应尽量安排人员陪同，以便了解自己部门在推进过程中存在的问题。

⑥各部门必须对6S"巡查组"检查出的不合格项落实责任人，并在规定时间内进行整改。

⑦6S"巡查组"对开具的《6S整改通知单》进行追踪，并在规定期限内落实整改任务的完成情况。

特别强调：企业的6S标准应统一，工厂、裱花部、门店避免出现两套形式的6S标准。

附 录

下面两个"6S检查表"(见附表6、附表7)是某烘焙企业马婷兰、刘中南提供的模板,供读者参考。

附表6　6S检查表一

被检查区域：　　　　责任人：　　　　检查人：　　　　检查日期：

项目	检查内容	配分	得分	缺点事项	纠正时间	责任人
整理	①有无制订物品整理的基准？	2				
	②有无不用或不急用的工、夹具？	3				
	③有无闲置、报废机器置于现场？	3				
	④有无现场物料领用过多现象？	3				
	⑤作业场所、通道画线是否明确清楚？	3				
	⑥通道是否通畅？有无物品摆放超出通道？	2				
整顿	①办公区文件是否分类，标识是否清楚？	3				
	②文件夹内是否有目录，是否便于查找？	3				
	③物料及物品是否定位？	3				
	④工具是否易于取用而不用寻找？	3				

附 录

续附表 6

被检查区域：　　　　责任人：　　　　检查人：　　　　检查日期：

项目	检查内容	配分	得分	缺点事项	纠正时间	责任人
整顿	⑤材料是否按规定位置摆放并标识清楚？	3				
	⑥良品和不良品放置有无规定并有无标识？	3				
	⑦各区域标识是否清楚？	3				
清扫	①有无划分责任区及责任人？	3				
	②通道地面是否平整？有无纸屑、水渍等？	2				
	③作业场所地面有无垃圾、水渍等？	2				
	④作业台上是否杂乱？有灰尘？	2				
	⑤墙壁、天花板有无蜘蛛网？是否乱挂物品？	2				
	⑥排风扇、吊扇及窗户有无进行定期清扫？	2				

269

续附表 6

被检查区域：　　　　　责任人：　　　　　检查人：　　　　　检查日期：

项目	检查内容	配分	得分	缺点事项	纠正时间	责任人
清扫	⑦下班有否对设备进行清扫？	2				
	⑧产品、设备有无脏污、灰尘？	3				
清洁	①宣传是否到位？员工是否知道自身责任？	3				
	②机器设备是否进行日常保养？	3				
	③工作场所有无放置私人物品？	2				
	④作业段落在上下班前有无"5分钟清扫"？	3				
	⑤洗手间是否经常清理？	2				
素养	①着装是否整洁？厂卡是否佩戴正确？	2				
	②员工是否遵守现场生产和考勤纪律？	3				
	③需要的安全保护用具有无使用？	2				

续附表 6

被检查区域：　　　　责任人：　　　　检查人：　　　　检查日期：

项目	检查内容	配分	得分	缺点事项	纠正时间	责任人
素养	④有无遵照标准作业？	4				
	⑤有无异常发生时的对应预案？	2				
	⑥是否遵守开会的规定？	3				
安全	①设备有无安全负责人、职责是否明确？	3				
	②安全标识是否明确，安全通道是否畅通？	2				
	③消防器材是否配备，是否定期进行检查？	3				
	④员工能否熟练使用消防器材？	3				
	⑤使用设备的人员是否按安全操作规程操作？	3				
	⑥有否发生重大安全事故，安全的纠正预防措施如何？	2				
合计		100				

附表7

6S检查表一

被检查办公室：　　责任人：　　检查人：　　检查日期：

项目	检查内容	配分	得分	缺点事项	备注
整理	①有无文件归档规则，是否按归档规则加以归类？	4			
	②是否将不要的东西丢弃？	3			
	③桌子、文件架是否齐备整洁？	6			
	④桌子、文件架、通路是否有分隔间？	4			
	⑤有无过期文件放置在文件夹中？	4			
	⑥电脑文件有否经过整理、归档？	4			
整顿	①文件控制规定是否确实被执行？	5			
	②是否制订了完善的文件夹管理制度并标识清楚？	4			
	③需要的文件能否马上取到？	3			
	④购置品有无规定放置处？	3			

续附表 7

被检查办公室：　　　责任人：　　　检查人：　　　检查日期：

项目	检查内容	配分	得分	缺点事项	备注
清扫	①桌面、柜子上是否有灰尘？	4			
	②垃圾桶是否积满？	3			
	③饮水机是否干净？	3			
	④墙壁、玻璃是否保持干净？	3			
清洁	①抽屉内是否杂乱？	3			
	②私有物品是否整齐地放置于一处？	3			
	③下班时桌上是否整洁？	3			
	④办公设备是否随时保持正常状态，无故障？	3			
	⑤盆景是否有枯死或干黄的现象？	2			
素养	①是否依照规定着装？	2			
	②下班前是否收拾办公桌？	3			
	③是否在规定的时间及规定的场所进行休闲（休息）？	4			
	④是否明白自己的工作职责？	2			

273

共赢式加薪

续附表 7

被检查办公室：　　责任人：　　检查人：　　检查日期：

项目	检查内容	配分	得分	缺点事项	备注
安全	①下班离开前是否已熄灯、断电、关空调、关好门窗？	5			
	②管路配线是否杂乱，电话线、电源线固定是否得当？	5			
	③是否委派专职安全员主持工作？	3			
	④有否安全计划及安全统计分析？	4			
	⑤对重大安全事故有否纠正预防措施？	5			
合计		100			

（三）6S 参考标准

1. 现场摆放的物品（如原料、成品、半成品、余料、垃圾等）定时清理，学会区分"用"与"不用"的物品。

2. 物料架、工具架等正确使用与清理。

3. 桌面及抽屉定时清理。

4. 材料或废料、余料等放置清楚。

5. 模具、夹具、工具等能正确使用，摆放整齐。

6. 机器上不摆放不必要的物品、工具或未摆放牢靠。

7. 非立即需要或过期（如3天以上）的资料、物品，入柜管理或废弃。

8. 茶杯、私人用品及衣物等定位置摆放。

9. 资料、保养记录、检查表定期记录，定位放置。

10. 手推车、小拖车等定位放置。

11. 润滑油、切削油、清洁剂等用品之定位、标识。

12. 作业场所予以划分，并加注场所名称。

13. 消耗品（如抹布、手套、扫把等）定位摆放，定量管理。

14. 加工中的材料、成品、半成品等堆放整齐。

15. 通道、走道保持畅通，通道内不得摆放或压线任何物品（如电线、手推车、临时工具等）。

16. 所有生产用工具、夹具、零件等定位摆设。

17. 划定位置摆放不合格品、破损品及使用频度低的东西。

18. 目前或短期生产不用之物品，收拾好并定位放置。

19. 个人离开工作岗位，物品整齐放置。

20. 电力供给系统加设防护物和警告牌。

21. 生产现场物品定位堆放区，没有超高或堆放的不牢固的物品。

22. 下班前进行彻底打扫、收拾。

23. 扫除垃圾、纸屑、塑胶袋、破布及生产产生的废弃物等。

24. 清理擦拭机器设备、工作台。

25. 废料、余料等随时清理。

26. 清除地上、作业区的油污。

27. 个人穿戴整齐，不敞胸露背、不穿拖鞋。

28. 按安全制度、规程、规定穿戴好公司配备的劳动防护用品。

29. 长期不用的（如1个月以上）物品、材料、设备等加盖防尘。

30. 地上、门窗、墙壁之清洁。

31. 墙壁油漆剥落或地上画线油漆剥落的修补。

32. 遵守作息时间（不迟到、早退、无故缺席）。

33. 使用公物后，切实归位，并保持清洁。

34. 停工前切实打扫和整理。打扫完毕，将清洁用具清洗并归位保存。

35. 遵照公司的规定做事，不违背公司规定。

特别说明：单纯的文字说明不利于员工接受，最好配合使用"定点摄影法"。

定点摄影是在现场发现问题后，将现状、整理后的状况拍摄下来备案，以用来跟进和解决问题的一种方法。

①定点拍摄的目的：横向比较，给予后进单位压力；纵向比较，

有利于问题的及时改善及效果的评估。

②定点摄影实例如附图5所示。

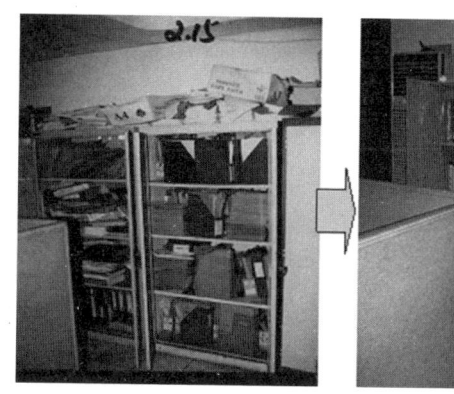

整理前　　　　　　　　　　整理后

附图5　定点摄影法实例

六、与工资挂钩以外的辅助执行技巧

(一) 红牌作战

红牌作战,指的是在车间内找到问题点并悬挂红牌,让大家都明白并积极地去改善,从而达到整理、整顿的目的。

①工作场所内的不要的物品要挂红牌。

②需改善的事、地、物要挂红牌。例如,超出期限者(包括过期的标语、通告),物品变质者(含损坏物),物品可疑者(不明之物),物品混杂者(合格品与不合格品、规格或状态混杂),不使用

277

的东西（不用又舍不得丢的物品），过多的东西（虽要使用但过多），有油污或不清洁的设备，卫生死角。

③红牌的样式（红色，8cm×12cm，留现场）如附图6所示。

6S 活动问题牌					
责任部门		责任人		场所	
提出人		提出日期		整改期限	
问题描述：					
对策：					
执行人		完成日期		确认人	
验收结果：					
验收日期		验收人			

附图6 红牌样式图

（二）流动红旗

①流动红旗的目的：表彰先进，引起重视；形成内部良性竞争。
②流动红旗的实施：6S 检查评比得分最高者授予红旗；循环评比。
③流动红旗的样式（A3 纸大小）如附图7所示。

附图7 6S 流动红旗示意图

（三）管理看板

通过逐步制作、悬挂各种类型的6S管理看板，以营造出6S推进活动的氛围，使员工在这种宣传过程中受到激励，并不断提升自身的综合素质。

①6S知识宣传看板的样式如附图8所示。

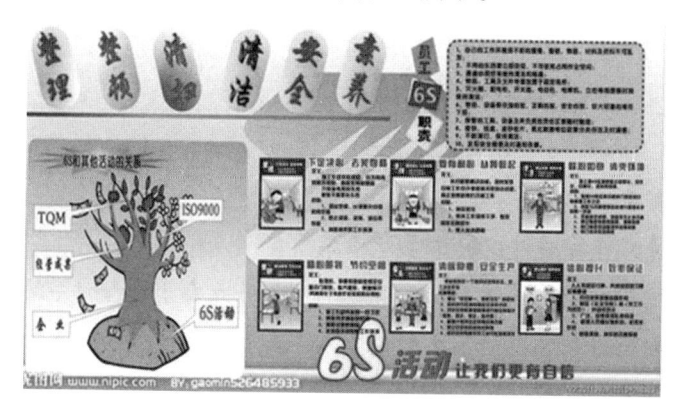

附图8　6S知识宣传看板

②改善揭示看板的样式如附图9所示。

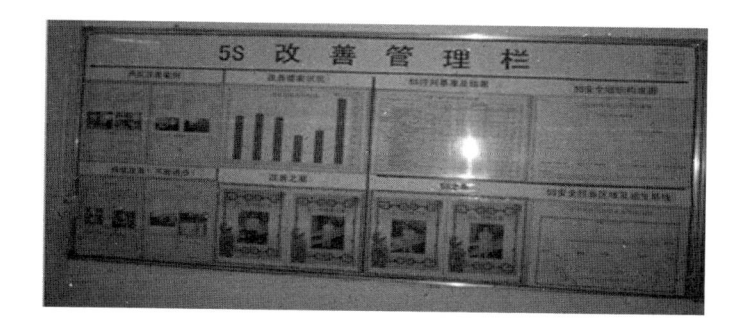

附图9　6S改善揭示看板

（四）6S考试

对员工进行6S培训后，可组织考试检查员工掌握6S知识的情况。下面是某食品企业的6S考试题，供读者参考使用。

某食品企业6S考试题

部门：　　姓名：　　分数：

（一）填空题（每题2分，共10分）

1. 6S管理的内容是：＿＿＿＿＿＿＿＿＿＿＿＿＿＿＿＿＿＿。

2. 将工作现场打扫得干干净净属于6S中的＿＿＿＿＿＿＿＿。

3. 现在公司要求工人必须穿工作服，并且要干净整洁，同时要求同事见面要打招呼、使用文明语言，这属于6S工作中的＿＿＿＿＿范畴。

4. 电源、线路、开关、插座是否异常，尖锐锋利用具加好外套（外壳），属于6S工作中的＿＿＿＿＿项目。

5. 物品或工具使用后能容易恢复到原位，没有复原或误放时能及时发现是＿＿＿＿＿的重点。

（二）判断题（每题2分，共20分）

1. 6S活动是持之以恒的活动，不能坚持的话，则6S活动难以成功；若能脚踏实地加以改善的话，则6S活动将逐见功效。（　）

2. 小王出差前，为了保持桌面干净整齐，将桌上所有的文件锁到抽屉里。（　）

3. 不同类型、用途的物品应分开管理属于6S管理制度当中的"整理"。（　）

4. 电源线不应杂乱无章或抛落在地上属于6S管理制度当中的"整顿"。（　）

5. 6S管理制度只会让员工增加工作负担及增加工作时间。（　）

6. 素养是通过教育使大家养成能遵守所规定的事的习惯。（　）

7. 整理的结果要成为任何人都能立即取出所需要的东西的状态。（　）

8. 空间的浪费通过6S中的整理要素完成。（　）

9. 6S管理需要全员参与，如果有部分员工就是跟不上进度或内心抵制，6S管理就会失败。这种观点对吗？（　）

10. 现场什么地方有什么东西，我们有经验，靠感觉就可以了。（　）

（三）选择题（每题至少有一个正确答案，每题3分，共30分）

1. 6S运动是一项什么样的工作？（　）

　A. 暂时性

　B. 流行的

　C. 持久性

　D. 时尚的

2. 公司的哪些地方需要进行整理、整顿？（　）

　A. 工作现场

　B. 仓库

　C. 办公室

　D. 全公司的每个地方

3. 整理主要是排除什么浪费？（　）

　A. 时间

　B. 工具

C. 空间

D. 包装物

4. 整理是根据物品的什么来决定取舍的？（　）

A. 购买价值

B. 使用价值

C. 是否占空间

D. 是否能卖好价钱

5. 整理时，"要"与"不要"的分类标准中，下列哪些属于"不要"的范围？（　）

A. 不再使用的设备、工夹具、模具

B. 老旧无用的报表、账本

C. 工作区内经常使用的物品

D. 废弃的旧指套、晶片膜

6. 进行整顿工作时，要将必要的东西分门别类，其目的是（　）

A. 使工作场所一目了然

B. 营造整齐的工作环境

C. 缩短寻找物品的时间

D. 清除过多的积压物品

7. 在清洁工作中，应该（　）

A. 清除工作中无用的物品。

B. 将物品摆放得整整齐齐。

C. 在全公司范围内进行大扫除。

D. 将整理、整顿、清扫工作制度化，并定期检查评比。

8.6S 与公司及员工有哪些关系？（　　）

　　A. 安全有保障

　　B. 增加工作时间

　　C. 提高公司形象

　　D. 增加工作负担

9. 公司 6S 应如何做才能做好？（　　）

　　A. 做 4 个月就可以了。

　　B. 第一次有计划地大家做，以后靠干部做。

　　C. 车间做就行了。

　　D.6S 是日常工作一部分，靠全体员工持之以恒地做下去。

10. 公司在推进 6S 管事中，应该有哪些人员参与？（　　）

　　A. 总经理

　　B. 推进办公室

　　C. 车间主任

　　D. 全体员工

(四) 简答题（共 40 分）

1. 概述 6S 管理内容（10 分）。

2. 列举出6S检查项目中的"整理""整顿""清洁""清扫""素养""安全"的具体事项(每项最少列举3条,20分)。

3. 推进6S管理的主要目的是什么(10分)?

共赢式加薪系统：企业每月经营效益分析表

共赢式加薪系统中，企业每月经营效益分析表的模板见附表8。

附表8　　　　　　　　　　　　　　　每月经营效益分析表

科目＼日期	1月	2月	……	11月	12月	年合计	月平均
企业实收营业额（小计）							
门店							
单位订单							
实销营业额（小计）							
门店（小计）							

续附表8

科目＼日期	1月	2月	……	11月	12月	年合计	月平均
常温蛋糕							
包装面包							
工厂西饼							
工厂现烤							
中式蒸包							
门店现烤							
门店西饼							
冻点							
生日蛋糕							
贡茶							
水吧自制产品							
外购产品							
外购饮料							
单位订单（小计）							
工厂产品							
门店现烤							
裱花部产品							

续附表8

科目　　　　　日期	1月	2月	……	11月	12月	年合计	月平均
报耗金额（小计）							
工厂产品							
门店现烤							
冻点							
其他产品							
报耗率							
差数（小计）							
正差							
负差							
企业让利金额（小计）							
折扣、代金券、优惠券							
试吃、买赠							
原料成本（小计）							
工厂原料							
裱花部原料							
外购产品							
外购饮料							

续附表 8

科目＼日期	1月	2月	……	11月	12月	年合计	月平均
贡茶原料							
水吧自制产品原料							
原材料成本率							
过期作废原料成本（小计）							
工厂原料							
裱花部原料							
外购产品							
贡茶原料							
水吧自制产品原料							
过期作废原材料成本率							
包装成本（小计）							
门店							
工厂							
裱花部							
贡茶							
水吧自制产品							

续附表8

科目＼日期	1月	2月	……	11月	12月	年合计	月平均
包装成本率							
原料包装运费成本（小计）							
门店							
工厂							
裱花部							
外购产品							
外购饮料							
贡茶							
水吧自制产品							
运费成本率							
清洁耗材成本（小计）							
门店							
工厂							
裱花部							
耗材成本率							
工资费用（小计）							
门店							

续附表8

科目＼日期	1月	2月	……	11月	12月	年合计	月平均
工厂							
裱花部							
司机							
办公室							
工资费用率							
员工福利费用（小计）							
厨房伙食							
员工宿舍							
员工活动							
生日、年节礼品							
培训费							
社保、商业保险							
员工福利费用率							
水电煤费用（小计）							
门店							
工厂							
裱花部							
办公室							

续附表8

科目＼日期	1月	2月	……	11月	12月	年合计	月平均
水电煤气费用率							
营销费用（小计）							
海报、广告							
促销							
营销费用率							
财务费用（小计）							
年费							
手续费							
对公账户收费							
购支票、发票、凭证等费用							
财务费用率							
税费（小计）							
营业税金及附加							
营业费用（小计）							
劳保用品费							
设备维修费、搬运费							
车辆油费、维修、保养、保险							

续附表 8

科目＼日期	1月	2月	……	11月	12月	年合计	月平均
赔偿金							
证照办理、年审费用							
化验室仪器检测费、培养试剂费用							
营业费用率							
管理费用（小计）							
办公用品							
电话、网络							
招待费、差旅费							
固定资产折旧费							
低值易耗品							
租金							
物业费、垃圾费							
管理费用率							
总成本（合计）							
总成本率							
利润							
利润率							

共赢式加薪系统：工厂包装、耗材进销存一览表

共赢式加薪系统中，工厂的包装、耗材进销存一览表模板见附表9。

附表9　　　　　　　　　　　　工厂的包装、耗材进销存一览表

种类＼名称	规格	单位	单价	上月盘存数量	本月来货数量	本月盘存数量	本月实际用量	本月实际用量金额

续附表9

种类＼名称	规格	单位	单价	上月盘存数量	本月来货数量	本月盘存数量	本月实际用量	本月实际用量金额
包装小计								
耗材成本小计								

共赢式加薪系统：裱花部蛋糕登记表

共赢式加薪系统中，裱花部蛋糕登记表的模板如附表 10 所示。

附表10 裱花部蛋糕糕登记表

序号	下单门店	蛋糕编号	个数	磅数	是否赠送蛋糕	原价	销售价	取货时间	送达地点	制作人	制作销售额	配送人

附 录

续附表 10

序号	下单门店	蛋糕编号	个数	磅数	是否赠送蛋糕	原价	销售价	取货时间	送达地点	制作人	制作销售额	配送人

共赢式加薪系统：客户投诉登记表

共赢式加薪系统中，客户投诉登记表的模板如附表11所示。

附表11　　　　　　　　　　　　　　　　　　　客户投诉登记表

序号	日期	问题类别	产品类别	品名	原因	数量	金额	责任部门	责任人	是否重做/赔偿	重做/赔偿金额	备注

续附表 11

序号	日期	问题类别	产品类别	品名	原因	数量	金额	责任部门	责任人	是否重做/赔偿	重做/赔偿金额	备注

共赢式加薪系统：门店报耗单

共赢式加薪系统中，门店报耗单的模板如附表12所示。

附表12　　　　　　　　　　　　　　　门店报耗单

日期：			报耗门店：		
序号	品类	品名	数量	单价（元）	总价（元）
1					
2					
3					
4					
5					
6					

续附表 12

日期:			报耗门店:		
序号	品类	品名	数量	单价（元）	总价（元）
7					
8					
9					
10					
11					
12					
13					
14					
15					
16					
17					
18					
19					
20					
21					
22					
23					
24					
25					
合计					

共赢式加薪系统：门店调货单

共赢式加薪系统中，门店调货单的模板如附表13所示。

附表13

门店调货单

调货日期:		调出门店:	经手人:	调入门店:	经手人:
序号	品类	品名	数量	单价（元）	总价（元）
1					
2					
3					
4					
5					
6					
7					
8					
9					
10					
11					
12					
合计					
注：本单一式三份，财务、发货部门、收货部门各一份。					

共赢式加薪系统：门店活动试吃申请单

共赢式加薪系统中，门店活动试吃申请单的模板如附表14所示。

附表14　　　　　　　　　　　　门店活动试吃申请单

日期：		门店：		申请人：	
序号	品类	品名	数量	单价（元）	总价（元）
1					
2					
3					
4					
5					
6					

续附表 14

日期:		门店:		申请人:	
序号	品类	品名	数量	单价（元）	总价（元）
7					
8					
9					
10					
11					
12					
13					
14					
15					
16					
17					
18					
19					
20					
21					
22					
23					
24					
25					
审核人：				统计：	

后记

全书写成，百感交集。总有说不完的感谢、道不尽的期待。

在此，感谢所有为本书提供了素材的人士。本书写作过程中，我从相关专著、期刊、网站中参考和借鉴了一些研究成果和资料，在此谨向原作者致以深深地敬意和诚挚的谢意！

客户之所愿乃我之所愿，我愿为之。

我愿永远站在企业管理研究、实践、落地的最前沿，不断创新，以回报合作过的或合作中的新老客户的信任与支持！

巢文静

2019 年 8 月